读懂经典 丛书　　丛书主编　方立平　杨宏声

曹音经文释疑书系

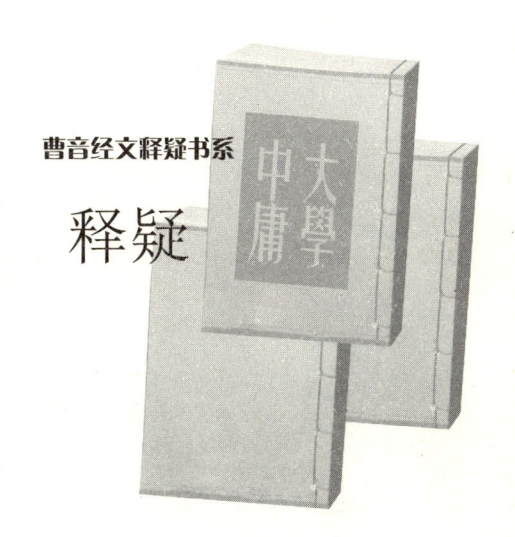

大学中庸释疑

曹音 著

上海三联书店

"读懂经典"丛书总序

我们相信,每位开始阅读眼下这套典籍的朋友必然会有如下期待:通过"读懂"一部部经典,能浴身于古往今来东西方文明长河中的人类不灭的智慧之光。为此,我们郑重地承诺,将百倍努力,上下求索,像推介曹音先生"经文释疑"这一开卷之篇一样,会将更多的文翰精粹、圣贤述作推荐于诸位面前。人生在世,经典是必须读的,因为经典是文明的沉淀、历史的结晶,是文化的"舍利子",会像雅典娜透射出奥林匹斯的神采,会像孔夫子、柏拉图的头颅散发出不灭的思想火焰,会像青铜器上的饕餮纹或帕台农神庙叙述着先祖们的生生不息的传奇。经典又是必须"读懂"的,为此,必须有更多的学者来帮助进行"释疑"、"考疑"和"驱玄"、"去芜"的解读工作,使每一部真正的经典经过解疑解惑如日之光、月之华一般穿越时空、照彻心灵,并辉映生命旅途。确实,由圣者哲人的智慧之光陪伴,这将是一件何其快哉的事啊!我们会由此而变得比他人更聪慧、更智谋、更高尚,因而也更具力量。

方立平
2011 年 7 月

"曹音经文释疑书系"序

　　近年来，曹音先生在从事"经文释疑书系"的写作过程中，和我谈得最多、且最重要的话题就是中国历史上的周秦城邦制度问题，其中也讨论到《周易》研究中一些与此相关的问题。自从顾准的《希腊城邦制度》一书出版以后，相继又有一系列的著作发表。有一些结论性的意见对今日易学研究实有根本的启发性，故特别为我们看重。我们极为赞同成中英先生对《周易》所下的基本论断：《周易》乃"先周"历史发展的思想成果，《周易》乃是一本形上学、本体论的书，它是以一个"用"的形式呈现其"体"，无其"体"则无此用。（《易学本体论》序，中国社会科学出版社，2006年）现在可以进一步具体地说，《周易》之"用"，乃家国社稷之大用，是可以纳入周代城邦文明的论域来深入探讨的。具体而论，西周创建封建制，实质上是推行周文中国（实指"周室"）的礼乐制度于"天下"，《周易》根本上确立了封建政治的原理，所以当"韩宣子聘鲁观书于大史氏，见《易象》与《鲁春秋》。曰：'周礼尽在鲁矣。吾乃今知周公之德与周之所以王也。'"（《左传·昭公二年》）这里，"周之所以王"一语尤有提示作用："王"即"王天下"，以何王天下，以封建方式，而封建的基本方式就是"礼"（礼乐）。就"封建"一词的整体意义而言，《周易》一词屡见于《周礼》是可以理解的。如何从西周封建城邦政治，理解《周易》与《周礼》之间的相关性，以及《周易》与《尚书》（特别是"周书"部分）和《诗经》的相关性，仍然是一个新课题。我们之所以首先要端出一些大问题，是因为理解先秦经典，不明其语境，妄加推阐，似乎理解很现代，其实多是无根之说，于学问无补。必于文字、器物、典章、制度的名与实关系有所明了，古书的意义才可以活泼泼地被我们领会。这与时下提倡"国学"而论《周易》者，有同有异。其同者，名也，其所指、其理解则相异。我和曹音先生也乐于采用"国学"

的说法,但强调首先要从语源上领会"国学"一词的原义。"国学"一词始见于《周礼》:"国学"乃"国子"之学,子是男子的美称,即作为未来城邦公民的年轻的贵族,实施邦国子弟的教育。因此,国学乃邦学。四书中的《大学》一篇所论的"大学之道",即"国学"之道:"大学之道,在明明德,在新民,在止于至善。"其进阶和德目,一入一出,即由"外王"而"内圣",复由"内圣"而推"外王":"古之欲明明德于天下者,先治其国;欲治其国者,先齐其家;欲齐其家者,先修其身;欲修其身者,先正其心;欲正其心者,先诚其意;欲诚其意者,先致其知;致知在格物。物格而后知至,知至而后意诚,意诚而后心正,心正而后身修,身修而后家齐,家齐而后国治,国治而后天下平。"这个"古",《大学》引诸《尚书》和《诗经》,归诸孔子,根本依据则是《周礼》封建规划的那一套。此历史性的语境不明,奢谈"国学",但见其流变,莫知其"源"之所出矣。这是读先秦古书的关键之关键,也是曹音先生已完成的"经文释疑书系"七种的学术用意。明乎此,就可以读"曹音经文释疑书系"了。

或可略作几点说明:

一、传统著述中,有一类书以"考疑"或"考信"名之。读古书时许多问题往往在疑与信之间,考释作为去疑取信的方式,思考起了根本的作用。古书中存疑之处何其多,故有学者特重考证、考据,乃思考向专深的方面展开,可谓专题性的研究。曹音先生的"释疑"特重文字和思想含义的考释,恰如哲学诠释学所强调的,致考疑就是"追问"。

二、"曹音经文释疑书系"隐设了一个根本性的历史性的结论散见于各书,即:"六经"乃文、武、周公之书,其中尤以周公的贡献为大。就像《尚书》中的周书以周公的诰文为主体一样,《周易》和《周礼》的主体乃周公的创作,而周公的诗乃《诗经》中最早的具有个体情感抒发的抒情诗——同样有理由认为,孔子所谓"诗可以兴"、"诗可以怨"主要是就诗的抒情性而言——而不同于雅、颂中仪式性的剧诗和史诗性的叙事诗——有理由认为孔子所谓"诗可以群"特别适宜对雅颂进行说明——而"诗可以观"则是总原则。

三、"六经"是周文中国的典籍,孔子赞叹的"郁郁乎文哉,吾从周",正是对着这些洋洋大观的历史典籍而说的。从武王伐纣西周开创到战国末期"周室"败亡的周文中国,乃中国典型的城邦时代。"封建"一词的原义就是封土建邦,以城邦为单位或单元,建立以"周室"为盟主的大城邦联盟,这个大城邦联盟,就是"天下"。"六经"乃封建革命之书,乃周文明奠基之书。

四、因此,今日所谓的"国学",在先秦时代就是"邦学",与希腊城邦制度在政治结构和运作原理上大有可比性,只不过希腊之邦多如老子所形容的"小国寡民"之邦,而春秋、战国之邦多为"大邦",在早期中国,不是没有希腊那样的小邦,而是由于史记不全,仅能在《尚书》中略见"万邦协和"之史影。

五、周公制定《周礼》,对中国城邦政治原理作了详尽完善的规划,《周礼》所确定的推行的礼乐,被设想为应该贯彻到封建制度的任何方面,孔门《大学》所谓的"大学之道",就是对《周礼》的礼仪所作的原理性的哲学说明。

六、《易》为六经之原,"世历三古",归诸圣王哲人之作,乃是中国历史文明创造的见证。具体而言,《周易》相对于传说中的《连山》《归藏》具有创建性,且不同于后来《易传》那样注重原理性的说明。《周易》以事设譬,以物类比,特别以西周"开国承家"的历史经验为基础。卦爻辞中流露的心绪精微入理,其韵致情调则与《诗经》相互发明。

七、历来解释《周易》,多根据《易传》,《周易》反倒成了例证,本末倒置了。《周易释疑》的根本想法就是强调《周易》本身就具有思想文化的重要性,它的历史含义的丰富性仍有待我们从历史语源学、符号学和修辞学,乃至广义诗学的观点进行探讨。《周易》全体用韵,语意隐约微妙。卦爻辞本身自成体系,研究《周易》,从卦爻辞入手是合适的,这是古法。春秋时代,人们以《周易》断事,基本根据卦爻辞求其理由而进行发挥。这一点可以深为留意。

八、《周易》的诚信(天诚人信)世界观,即所谓的"三极之道":"天道、地道、人道"。总而言之,亦即《易传》所谓的"易道":

"易有圣人之道四焉：以言者尚其辞，以动者尚其变，以制器尚其象，以卜筮尚其占。"（《系辞》上）从今天的观点看，则可以归纳为三层意思：(一)天地定位的宇宙观；(二)人文化成的社会和人类制器尚象的文明创造史；(三)个体与社群、物我关系的自觉与个人主体意识的确立、个体意识的觉醒，乃是人类进化的具有永久意义的成果。对生命、对生活进程的领会，归诸既济与未济。

九、"曹音经文释疑书系"已完成七种，最先完成的是《论语释疑》。曹音先生此书用功最多，历时五年，犹勤勤作修订。其次是《周易释疑》、《诗经释疑》、《尚书释疑》、《大学释疑》、《中庸释疑》、《道德经释疑》。曹音接下来的书是《周礼释疑》。我们有一个基本观点，《周礼》一书虽然经后世的增修订正，其基本内容和思想，归诸仪式、礼节、典章、制度、器物、命名等等，全书的基本架构可以追溯到西周，故其名物德目与《周易》《诗经》《尚书》相映成趣，可睹其灿然周文中国之文明成章之盛貌。这是一种建立在物质创造基础上的精神文明，洋洋乎耳，盈盈乎目，充满了文化创造的喜悦之情。

十、"曹音经文释疑书系"之作，"先立其大体"。历来的经典考释，多是概括性的研究，在落实到经文的理会和解释时，大多研究者则多"步步为营"，不敢越雷池半步，所谓"大胆假设，小心求证"也。因此，具体的研究与设想之间总是保持着一定的距离，形成张力。

十一、"曹音经文释疑书系"在经文阐释时，采用直解方式。历来注解疏证，详尽有加，疏朗澄明的解说则不多。读史亦如读诗，有兴味才好，读出情趣才好。现代读者，直面古典，直面古典所面对的事情；那是历史性的智慧，要用我们自己的聪明去领会的，就受用了。

2011年5月5日，杨宏声写于
上海社会科学院哲学研究所

目　录

大学释疑

前　言 ·· 3

按历代传抄文本顺序释疑 ···························· 7

按重新排序文本释读 ································· 35

中庸释疑

前　言 ··· 65

按历代传抄文本释疑 ································· 75

大学 释疑

前　言

　　《大学》原是《礼记》中的一篇，作于春秋末年战国时期，写定于秦统一全国以后不久。《大学》是我国儒家经典的组成部分，是儒家对政治、哲理的表述。《大学》分为经文一章和传文十章。经文（即第一章节）相传为孔子所述，由孔子的门生曾参记录为章；传文（即其余十章节）的作者相传为曾参。宋朝大儒程颐认为，"《大学》孔氏之遗书，而初学入德之门也"。宋朝另一大儒朱熹认为，"右经一章盖孔子之言，而曾子述之，其传十章则曾子之意，而门人记之也"。《大学》的作者是否真是孔子和曾参目前尚未有定论。然而《大学》是被收入《礼记》的，《礼记》成书于西汉初年，所以《大学》应写就于西汉之前。秦朝的历史很短，秦始皇尚法贬儒，且发生过"焚书坑儒"，故而《大学》不可能是秦人之作。《大学》是儒家的经典之作，儒家思想的巅峰时期在春秋战国时期，按此逻辑推测，《大学》的成书应在这一时期。而孔子作为这一时期儒家学说的倡导者，对《大学》的中心思想有所论述，其弟子曾参加以诠释记录也是有可能的。不管《大学》是否由孔子所作，它作为儒学经典在中国文明史上的地位是有目共睹的。

《大学》是儒家经典的一部分,是关于治国平天下的政治哲理的论述。既然是有关于治国平天下的政治哲理,就必然涉及国君的治国之道。在中国古代社会治国平天下历来都不仅仅是君主一个人的事,还必须有臣子的协助,所以《大学》还涉及君臣的个人品德,即修身养性。

在春秋战国时期,要治国平天下,要为自己的学说立论,借鉴古代前贤的作法和历史教训是唯一可行的办法,春秋战国之前的古代唯有虞、夏、商、周四代,所以《大学》中有不少内容是从这四代的文献中引经据典。因此《大学》这部儒家关于政治哲理的经典就是由治国之道、修身养性、引经据典三部分内容所构成。

什么是"大学"?所谓"大学"是相对"小学"而言的。"小学"指研究文字含义构成的训诂学,是古代史官必须掌握的学问;"大学"则是安邦治国的政治学,是古代君主卿大夫必修之学问。先秦的贵族子弟肩负继承爵位安邦治国之使命,所以他们从小就要学习"大学"。

《大学》针对安邦治国之道提出了三要素,即:明明德,亲民,止于至善。明明德是宣扬彰显美德,亲民是改造民众使之革旧更新,止于至善是使民众达到善的理想境界。

《大学》一书在传抄过程中有些佚失和断简错简,所以宋代的朱熹对"格物致知"篇进行了增补。笔者认为，古代文献在传抄过程中有佚失是不可避免的，增补大可不必，但有碍于理解的断简错简必须加以修真。笔者在阅读《礼记·大学》篇时就感到章节的编排在语义逻辑上有所不顺，这恐怕就是由于错简造成的。因此，笔者在本书中提供了两种章节排序，其一是按《礼记·大学》的原排序；另一是笔者按语义逻辑的需要对章节的重新排序，这个重新排序可能有助于读者对《大学》一书的理解。

最后祝愿每位读者在阅读本书时有所收获。

2011 年 11 月于上海

按历代传抄文本顺序释疑

（本篇用《礼记·大学》的传统文本）

1.

大学之道,在明明德,在亲民,在止于至善。知止而后有定,定而后能静,静而后能安,安而后能虑,虑而后能得。物有本末,事有终始,知所先后,则近道矣。

大学之道(大学,安邦治国之学问;道,原理),**在明明德**(明明德,明,动词,彰显;明德,美德),**在亲民**(亲民,"新民"之误,改造民众使之革旧更新),**在止于至善**(止,达到;至善,善的最高境界)。**知止而后有定**(知止,"止"的本意是"达到",知止即制定目标;定,明确方向),**定而后能静**(静,内心宁静),**静而后能安**(安,性情安和),**安而后能虑**(虑,思考),**虑而后能得**(得,有所收获)。**物有本末,事有终始,知所先后**(知所先后,懂得先后次序),**则近道矣**。

提示:

先秦的贵族子弟肩负继承爵位安邦治国之使命,所以他们从小就要学习"大学"。所谓"大学"是相对"小学"而言的,"小学"指研究文字含义构成的训诂学,"大学"则指安邦治国的政治学。本章节是全篇的中心,它提出安邦治国的三要素:明明德,亲民,止于至善。"明明德"即在民众中彰显美德,"亲民"即改造民众使之革旧更新,"止于至善"即使民众达到善的最高境界。

译文：

安邦治国的原理，在于彰显美德，在于改造民众使之革旧更新，在于使民众达到善的最高境界。处事制定了目标才能明确方向，明确了方向才能内心宁静，内心宁静才能性情安和，性情安和才能深思熟虑，深思熟虑才能有所收获。万物都有本末，万事都有终始，懂得处事的先后次序，离处事的原理就不远了。

2. 古之欲明明德于天下者，先治其国；欲治其国者，先齐其家；欲齐其家者，先修其身；欲修其身者，先正其心；欲正其心者，先诚其意；欲诚其意者，先致其知；致知在格物。格物而后知至，知至而后意诚，意诚而后心正，心正而后身修，身修而后家齐，家齐而后国治，国治而后天下平。自天子以至于庶人，壹是皆以修身为本。其本乱而末治者，否矣。其所厚者薄，而其所薄者厚，未之有也。此谓知本，此谓知之至也。

古之欲明明德于天下者，先治其国（国，古代诸侯拥有邦国）；**欲治其国者，先齐其家**（家，古代大夫在本国内拥有封邑，封邑便是大夫的家族；齐，整顿）；**欲齐其家者，先修其身；欲修其身者，先正其心；欲正其心者，先诚其意**（诚其意，使意念真诚）；**欲诚其意者，先致其知**（致其知，达到认知明确）；**致知在格物**（格物，推究事物的原理）。

格物而后知至,知至而后意诚,意诚而后心正,心正而后身修,身修而后家齐,家齐而后国治,国治而后天下平。自天子以至于庶人(庶人,西周时指农民,春秋时指地位在士以下者,秦汉时指没官爵的平民),**壹是皆以修身为本**(壹是,一切)。**其本乱而末治者,否矣**(否,无)。**其所厚者薄**(厚,重;薄,轻),**而其所薄者厚,未之有也**(未之有,从未有过)。**此谓知本,此谓知之至也**(知之至,知的最高境界)。

提示:

本章节对"明明德于天下"提出了一个实践的方法,在这个实践方法中最重要的是修善其身。作者认为自天子到庶人都必须以修善其身为本,唯有通过修善其身,才能达到"明明德于天下"的目标。

译文:

古时候,想要彰显美德于天下者,先要治理好他的邦国;要治理好邦国者,先要整治好他的家族;要整治好家族者,先要修善其身;要修善其身,先要端正内心;要端正内心,先要意念真诚;要意念真诚,先要认知明确;要达到认知明确就要推究事物的原理。只有推究事物原理才能达到认知明确,只有认知明确才能意念真诚,只有意念真诚才能内心端正，只有内心端正才能修善其身，只有修善其身才能整治好家族，只有整治好家族才能治理好邦国，只有治理好邦国，而后才能使天下太平。从天子到庶民，一律都要以修身为本。本乱而末治是不可能的，轻重缓急颠倒而成事，这种情况从未有过。这就叫懂得"本"，这才是达到"知"的最高境界。

3.

所谓诚其意者，毋自欺也。如恶恶臭，如好好色，此之谓自谦。故君子必慎其独也。小人闲居为不善，无所不至；见君子而后厌然，掩其不善，而著其善。人之视己，如见其肺肝然，则何益矣。此谓诚于中形于外，故君子必慎其独也。曾子曰："十目所视，十手所指，其严乎！"富润屋，德润身，心广体胖，故君子必诚其意。

所谓诚其意者，毋自欺也。如恶恶臭（恶恶臭，厌恶污秽的气味，前一个恶[wù]为动词，讨厌），**如好好色**（好好色，喜好美色，前一个好[hào]为动词，喜欢），**此之谓自谦**（自谦[qiè]，自己得到快感，自我满足）。**故君子必慎其独也**（慎其独，一人独处时也谨慎）。**小人闲居为不善，无所不至；见君子而后厌然**（厌[yǎn]然，掩饰貌），**掩其不善，而著其善**（著，显现）。**人之视己，如见其肺肝然，则何益矣。此谓诚于中形于外**（心里有什么必然显露在外；诚，真实），**故君子**

必慎其独也。曾子曰:"十目所视,十手所指,其严乎!"富润屋(润,修饰),**德润身,心广体胖**(胖[pán],安泰舒适),**故君子必诚其意。**

提示:

本章节论述"诚其意",强调"诚其意"必须纯粹出自自然。因此君子须严守"慎独",所谓"慎独"就是一人独处时也必须守德性,不可因无人看见而胡作非为。

译文:

所谓"诚其意"就是不要自欺,完全出自内心满足,如同人本能地厌恶恶臭,喜好美色。所以君子在独处时必须谨慎。小人闲居时做坏事无所不为,见到君子则遮遮掩掩,掩饰自己的坏处,显露自己的好处。其实别人看他如同看透他的五脏六腑,小人这样做又能有什么益处呢。人心里有什么,必然显露在外,所以君子在独处时必须谨慎。曾子说:即便独处也要像有好多眼睛盯着自己,有好多手指指着自己,要求多么严厉啊!财富仅能装饰房屋,德性可以美化自身,心胸宽广了身体才能坦然安适,所以君子必须意念真诚。

4. 《诗》云:"瞻彼淇奥,绿竹猗猗。有斐君子,如切如磋,如琢如磨,瑟兮僴兮,赫兮喧兮。有斐君子,终不可谖兮。""如切如磋"者,道学也;"如琢如磨"者,自修也;"瑟兮僴兮"者,恂慄也;"赫兮喧兮"者,威仪也;"有斐君子,终不可谖兮"者,道盛德至善,民之不能忘也。《诗》云:"于戏,前王不忘。"君子贤其贤而亲其亲,小人乐其乐而利其利,此以没世不忘也。

《诗》云:"瞻彼淇奥(此诗句出自《诗经·卫风·淇奥》,作者引用这些诗句是为了提出君子的标准。瞻,看;淇,淇水;奥[yù],河水弯曲处),绿竹猗猗(猗猗[yī],竹初生柔弱而美,此喻比君子)。有斐君子(有斐,有文采),如切如磋(切,磨骨谓切;磋,磨象牙谓磋;此句喻比君子如打磨过的骨器象牙般有文采),如琢如磨(琢,磨玉谓琢;磨,磨石谓磨),瑟兮僴兮(瑟,矜持貌;僴[xiàn],威武貌),赫兮喧兮(赫,光明貌;喧,坦白貌;此二句言为人举止)。有斐君子,终不可谖兮(谖[xuān],忘)。""如切如磋"者,道学也(道,言);"如琢如磨"者,自修也;"瑟兮僴兮"者,恂慄也(恂慄,惶恐);"赫兮喧兮"者,威仪也;"有斐君子,终不可谖兮"者,道盛德至善,民之不能忘也。《诗》云:"于戏(于戏[wū hū],呜呼),前王不忘(此诗句出自《诗经·周颂·烈文》,是周成王祭祀祖先时告诫诸侯别忘记周朝先圣,作者引用此句是为了说明正因为先圣君王具备这些美德,所以被后人永远怀念)。"**君子贤其贤而亲其亲**(贤其贤,前一个"贤"为动词,尊崇,后一个"贤"为名词,有德行才能者;亲其亲,前一个"亲"为动词,友爱,后一个"亲"为名词,亲属),**小人乐其乐而利其利**(乐其乐,前一个"乐"为动词,享乐,后一个"乐"为名词,安乐;利其利,前一个"利"为动词,贪爱,后一个"利"为名词,利益),**此以没世不忘也**(没世,永远)。

提示:

本章节继前章节论述君子的标准,君子必须有文采,追求学问,能修善其身,严守慎独,有威严。古代的先圣均具备这些美德,故永远被后人怀念。

译文:

《诗经》说:淇水弯曲处,绿竹茂又美。有文采的君子,就像经过切磋的骨器和象牙,如同经过琢磨的玉器和石器,他们庄严威武,光明坦然。有文采的君子,终不被人忘却。"如切如磋"讲君子求学;"如琢如磨"讲自我修养;"瑟兮僩兮"讲内心谨慎;"赫兮喧兮"讲外表威严;"有斐君子,终不可谖兮"讲德高望重者终不被民众忘却。《诗经》说:先圣君王使人不能忘怀。先圣君王因为任用贤人而亲睦亲族,民众能享受先圣君王带来的安乐和利益,因此人们永远怀念他们。

5.

《康诰》曰:"克明德。"《太甲》曰:"顾是天之明命。"《帝典》曰:"克明峻德。"皆自明也。

《康诰》(《康诰》,《尚书·周书》中的一篇。周公在平定三监和武庚叛乱后封其弟康叔于殷地,《康诰》是康叔上任前周公对他的训辞)**曰:"克明德**(克明德,原句为'惟乃丕显考文王克明德慎罚',意思是'你伟大英明的父亲文王能崇尚美德慎用刑罚';克,能够;明,彰显)。"**《太甲》**(《太甲》,《尚书·商书》中的一篇。太甲,商代国君,商开国君王成汤的嫡长孙,因破坏成汤的法制,不理国政而被辅佐大臣伊尹放逐,他在民间了解了人民的疾苦,复位后励精图治,做到'诸侯归殷,百姓以宁')**曰:"顾天之明命**(顾是天之明命,原句为'先王顾諟(古是字)天之明命,以承上下神祇',意思是'先王成汤每有所行必环视天之明令,顺应天地神灵';顾,回顾;是,此;天之明命,天赋美德)。"**《帝典》**(《帝典》,也称《尧典》,《尚书·虞书》中的一篇,记述尧帝的事迹)**曰:"克明峻德**(克明俊德,原句为'克明峻德,以亲九族',意思是'尧能彰显有才智有德性者,使九族上下亲密无间';俊,高才智;德,有德性)。"**皆自明也**(此句言周文王、商成汤、尧帝三人都能自觉地彰显美德;自,自我;明,彰显)。

提示：

本章节论述古代先圣的"明明德"，它引经据典，证明周文王、商成汤、尧帝都能自觉地彰显美德。

译文：

《康诰》说：周文王能彰显美德。《太甲》说：成汤不忘上天赋予的美德。《帝典》说：尧能彰显才智和美德。说的都是自觉地彰显美德。

6.

汤之《盘铭》曰："苟日新，日日新，又日新。"《康诰》曰："作新民。"《诗》曰："周虽旧邦，其命维新。"是故君子无所不用其极。

汤之《盘铭》（汤，商开国君王成汤；盘铭，镂刻在青铜洗脸盆上的铭文）**曰："苟日新**（苟，如果；日，一天；新，洗新革旧）**，日日新，又日新**（又，再。汤之《盘铭》是称颂成汤的功德，盘这种青铜器既然是洗脸盆，其铭文自然与洗新革旧有关，这句铭文喻意品德修养上的弃旧图新）**。"《康诰》曰："作新民**（作，振作、鼓励）**。"《诗》曰："周虽旧邦**（旧邦，周原是商朝属下一个在西北部的诸侯国，故称旧邦）**，其命维新**（其命，指周朝承受的天命；维，语助词。此诗引自《诗经·大雅·文王》,是歌颂周文王的)。"**是故君子无所不用其极**(是故,因此;无所不用其极,尽全力)。

提示:

本章节论述"亲民"即革旧更新。它引经据典,证明古代先圣都提倡革旧更新,所以君子应尽全力图自新,以达到至善的境界。

译文:

成汤的《盘铭》说:假如一天自新,就要天天自新,每天自新。《康诰》说:鼓励民众自新。《诗经》说:周虽是个古老的邦国,但国运是新的。所以君子当尽全力图自新。

7.

《诗》云:"邦畿千里,维民所止。"《诗》云:"绵蛮黄鸟,止于丘隅。"子曰:"于止,知其所止,可以人而不如鸟乎?"《诗》云:"穆穆文王,于缉熙敬止。"为人君止于仁,为人臣止于敬,为人子止于孝,为人父止于慈,与国人交止于信。

《诗》云:"邦畿千里,维民所止(此诗句出自《诗经·商颂·玄鸟》,意思是'商的京城方圆千里,是民众向往居住的地方',作者引用此诗句是想说明万事都应该有个目标。邦畿,京城;维,为;止,居住,引申为所追求的目标)。"《诗》云:"**绵蛮黄鸟,止于丘隅**(此诗句出自《诗经·小雅·绵蛮》,意思是'不开化的黄鸟都懂得在山丘角栖息',作者引用此诗句是想说明黄鸟都有自己的目标,故孔子在下文借题发挥说'人岂可不如鸟,连目标都没有'。绵蛮,不开化;止,栖息处;丘隅,山丘角)。"子(子,孔子)曰:"于止(于止,该休息时),**知其所止,可以人而不如鸟乎**(可以,通假"何以")?"《诗》云:"**穆穆文王**(仪表堂堂的周文王),**于缉熙敬止**(此诗句出自《诗经·大雅·文王》,意思是'端庄谦恭的文王敬重光明正大并以此为追求的目标'。于…止,以…为目标;缉熙,光明正大;敬,敬重)。"**为人君止于仁**(止,本意是"达到",引申为所追求的目标),**为人臣止于敬,为人子止于孝,为人父止于慈,与国人交止于信。**

提示:

本章节论述"止于至善"。"止"的本意为达到,引申为追求的目标。本章节所引用的《诗经》中的诗句都在于证明目标确定方可行事。因此,为人君者目标是仁,为人臣者目标是敬,为人子者目标是孝,为人父者目标是慈,与民众交往目标是诚信。

译文：

《诗经》说：京城方圆千里，是民众向往居住的所在。《诗经》说：不开化的黄鸟都知道山丘角是自己的栖息处。孔子说：连鸟都知道目标何在，人怎么可以不如鸟呢？《诗经》说：端庄谦恭的周文王敬重光明正大并以此为自己追求的目标。所以为君的目标是仁，为臣的目标是敬，为子的目标是孝，为父的目标是慈，与民众交往的追求目标是诚信。

8.

子曰："听讼，吾犹人也；必也使无讼乎。"无情者不得尽其辞，大畏民志，此谓知本。

子曰："**听讼**（听讼，审理诉讼），**吾犹人也**（犹人，像他人一样）；**必也使无讼乎**（最好能使人们不发生诉讼）。"**无情者不得尽其辞**（让没有实情的人无法编造谎言），**大畏民志**（让民心畏服），**此谓知本**。

提示：

本章节强调本末关系。此段话出自《论语·颜渊》，孔子认为审理官司只是末，唯有真正消除民间诉讼才是本。本末不倒置，才叫知本。

译文：

孔子说：审理官司，我与其他人没什么两样；不一样的是我的目的最终要杜绝官司的发生。能做到不让无理者在公堂大放厥词，能让民心畏服，这才叫知本。

9.

所谓"修身在正其心"者，身有所忿懥，则不得其正；有所恐惧，则不得其正；有所好乐，则不得其正；有所忧患，则不得其正。心不在焉，视而不见，听而不闻，食而不知其味。此谓修身在正其心。

所谓"修身在正其心"者，身有所忿懥（忿懥［zhì］，愤怒），**则不得其正；有所恐惧，则不得其正；有所好乐**（好乐，喜好），**则不得其正；有所忧患，则不得其正。心不在焉**（心不正），**视而不见，听而不闻，食而不知其味。此谓修身在正其心。**

提示：

本章节论述如何"正其心"。

译文：

所谓"修身在正其心"，说的是心有愤怒就不能正，有恐惧就不能正，有喜好就不能正，有忧患就不能正。心不正,则视而不见,听而不闻,食而不知其味。这就是说要修身首先要端正自己的内心。

10.

所谓"齐其家在修其身"者,人之其所亲爱而辟焉,之其所贱恶而辟焉,之其所畏敬而辟焉,之其所哀矜而辟焉,之其所敖惰而辟焉。故好而知其恶,恶而知其美者,天下鲜矣。故谚有之曰:"人莫知其子之恶,莫知其苗之硕。"此谓身不修不可以齐其家。

所谓"齐其家在修其身"者,人之其所亲爱而辟焉(人对于自己所亲近的人总是偏爱;辟,偏),**之其所贱恶而辟焉**(贱恶,鄙视、厌恶),**之其所畏敬而辟焉,之其所哀矜而辟焉**(哀矜,同情),**之其所敖惰而辟焉**(敖惰,傲慢)。**故好而知其恶,恶而知其美者,天下鲜矣**(鲜,少)。**故谚有之曰:"人莫知其子之恶,莫知其苗之硕**(人不知自己儿子的恶,为什么?因为爱;人不知自己田里的苗长得硕壮,为什么?因为贪;故修身重要的是自知和知他)。"**此谓身不修不可以齐其家。**

提示:

本章节论述当以公正之心对待自己的亲近,这是齐家的首要条件。

译文：

所谓"齐其家在修其身"，是因为人对自己亲近的人总是偏爱，对自己鄙视的人总是偏恶，对自己敬畏的人难免偏敬，对自己同情的人难免偏怜，对自己轻视的人难免偏轻。对自己喜欢的人能了解其短处，对自己厌恶的人能了解其长处，这样的人天下不多。所以古谚语说，人往往不知自己子女的缺点，人往往不满足自己长势苗壮的禾苗。这是说不修身不可以整顿自己的家族。

11.

所谓"治国必先齐其家"者，其家不可教而能教人者无之。故君子不出家而成教于国。孝者所以事君也，弟者所以事长也，慈者所以使众也。《康诰》曰："如保赤子。"心诚求之，虽不中不远矣。未有学养子而后嫁者也。一家仁，一国兴仁；一家让，一国兴让；一人贪戾，一国作乱；其机如此。此谓一言偾事，一人定国。尧舜率天下以仁，而民从之；桀纣率天下以暴，而民从之；其所令反其所好，而民不从。是故君子有诸己而后求诸人，无诸己而后非诸人。所藏乎身不恕，而能喻诸人者，未之有也。故治国在齐其家。《诗》云："桃之夭夭，其叶蓁蓁；之子于归，宜其家人。"宜其家人，而后可以教国人。《诗》云："宜兄宜弟。"宜兄宜弟，而后可以教国人。《诗》云："其仪不忒，正是四国。"其为父子兄弟足法，而后民法之也。此谓治国在齐其家。

所谓"治国必先齐其家"者,其家不可教而能教人者无之。故君子不出家而成教于国(成教于国,教化国人)。孝者所以事君也(所以,用以;事,侍奉),弟者所以事长也(弟,通假"悌",敬爱兄长;长,兄长),慈者所以使众也(使众,支配民众)。《康诰》曰:"如保赤子(如保赤子,出自《尚书·周书·康诰》,为周公告诫康叔要像保护自己的婴儿那样保护自己的子民)。"心诚求之,虽不中不远矣(中,达到,此指"如保赤子")。未有学养子而后嫁者也。一家仁,一国兴仁;一家让,一国兴让;一人贪戾(贪戾,贪婪暴戾),一国作乱;其机如此(机,事物变化的原由)。此谓一言偾事(偾事,败事),一人定国。尧舜率天下以仁,而民从之;桀纣率天下以暴(桀纣,分别是夏代和商代的末代君主,二人均以荒淫无度,残酷暴虐而著称),而民从之;其所令反其所好(对民众的号令是一套,自己喜欢的行为又是另一套),而民不从。是故君子有诸己而后求诸人(所以君子先要求自己,然后才要求别人;诸,"之于"的连读),无诸己而后非诸人(自己没要求的,就不要求人)。所藏乎身不恕(所藏乎身,自身;恕,儒家推行的恕道,即"己所不欲,勿施于人"),而能喻诸人者(喻,使人明白),未之有也。故治国在齐其家。《诗》云:"桃之夭夭,其叶蓁蓁(蓁蓁[zhēn],叶茂盛貌);之子于归,宜其家人(此诗句出自《诗经·周南·桃夭》,大意是娶回一个能照顾家庭的女子,能使夫家兴隆)。"宜其家

按历代传抄文本顺序释疑

人,而后可以教国人。《诗》云:"宜兄宜弟(此句出自《诗经·小雅·蓼萧》,是赞美周天子与兄弟之间友爱团结,恩泽兄弟诸侯)。"宜兄宜弟,而后可以教国人。《诗》云:"其仪不忒,正是四国(此句出自《诗经·曹风·鸤鸠》,意思是周天子的礼仪举止没差错,才能作各国的表率。仪,礼仪;忒[tè],差错;正,做表率;是,此)。"其为父子兄弟足法(足法,足以效法),而后民法之也。此谓治国在齐其家。

提示:

本章节论述"治国必先齐其家",整顿好自己的家族,才能成为国人的表率,才具备治理国家的资格。

译文:

所谓"治国必先齐其家",是因为若其家都不能教化而能教化国人者从未有过,所以君子不出家门就能教化国人。孝者可侍奉国君,悌者可侍奉兄长,慈者可指使百姓。《康诰》说:保护国民要像保护自己的婴儿一样。只要诚心这样去做,虽不能完全达到,但离目标也不远了。从未有先学会养育孩子然后再出嫁的女人。国君的家族仁,整个邦国才能兴仁;国君的家族谦让,整个邦国才能兴谦让;国君贪婪暴戾,整个邦国就会作乱;其原由就在表率的作用。这就叫"一言败事,一人定国"。尧舜以

25

仁统率天下，民众跟着行仁。桀纣以残暴统率天下，民众跟着行暴。君主号令与自己的行为相背，民众是不会尊从的。所以君子先要求自己然后才要求别人，自己没要求就不要求别人。自己不具备恕道，而去教育他人行恕道，是从未有的。所以治国首先在整顿好自己的家族。《诗经》说：桃枝弯弯，其叶茂盛，娶女归家，夫家兴隆。自己家族和睦了，而后才能教化国人。《诗经》说：恩泽兄弟。兄弟间团结友爱了，而后才能教化国人。《诗经》说：天子礼仪举止无差错，才能成为四方各国的表率。自己为父为子为兄为弟都值得效法，民众才会效法他。这就是治国须首先整顿好自己家族的道理。

12.

所谓"平天下在治其国"者，上老老而民兴孝，上长长而民兴弟，上恤孤而民不倍。是以君子有絜矩之道也。所恶于上，毋以使下；所恶于下，毋以事上；所恶于前，毋以先后；所恶于后，毋以从前；所恶于右，毋以交于左；所恶于左，毋以交于右，此之谓絜矩之道。《诗》云："乐只君子，民之父母。"民之所好好之，民之所恶恶之。此之谓民之父母。《诗》云："节彼南山，维石岩岩。赫赫师尹，民具尔瞻。"有国者不可以不慎，辟则为天下僇矣。《诗》云："殷之未丧师，克配上帝。仪监于殷，峻命不易。"道得众则得国，失众则失国。是故君子先慎乎德，有德此有人，有人此有土，有土此有财，有财此有用。德者本也，财者末也。外本内末，争民施夺，是故财聚则民散，财散则民聚。是故言悖而出者,亦悖而入;货悖而入者,亦悖而出。《康诰》曰:"惟命不于常。"道善则得之,不善则失之矣。《楚书》曰:"楚国无以为宝,惟善以为宝。"舅犯曰:"亡人无以为宝,仁亲以为宝。"《秦誓》曰:"若有一介臣,断断兮无他技,其心休休焉,其如有容焉,人之有技,若己有之,人之彦圣,其心好之,不啻若自其口出,是能容之,以能保我子孙黎民,亦职有利哉。人之有技,冒疾以恶之,人之彦圣,而违之俾不达,是不能容,以不能保我子孙黎民,亦曰殆哉。"唯仁人放流之,迸诸四夷,不与同中国。此谓"唯仁人为能爱人,能恶人"。见贤而不能举,举而不能先,命也。见不善而不能退,退而不能远,过也。好人之所恶,恶人之所好,是谓拂人之性,菑必逮夫身。是故君子有大道,必忠信以得之,骄泰以失之。生财有大道,生之者众,食之者寡,为之者疾,用之者舒,则财恒足矣。仁者以财发身,不仁者以身发财。未有上好仁,而下不好义者也,未有好义其事不终者也,未有府库财非其财者也。孟献子曰:"畜马乘,不察于鸡豚;伐冰之家,不畜牛羊;百乘之家,不畜聚敛之臣,与其有聚敛之臣,宁有盗臣。"此谓国不以利为利,以义为利也。长国家而务财用者,必自小人矣。彼为善之,小人之使为国家,菑害并至,虽有善者,亦无如之何矣。此谓国不以利为利,以义为利也。

所谓"平天下在治其国"者,上老老而民兴孝(上老老,上,国君等在上位者;老老,敬老),**上长长而民兴弟**(长长,敬兄长;弟,通假"悌",敬爱兄长),**上恤孤而民不倍**(恤孤,怜恤孤寡;不倍,不违背)。**是以君子有絜矩之道也**(是以,因此；絜[xié]矩之道，"絜"的本意是测量，"矩"是一种木匠用的矫正工具，絜矩之道即儒家推崇的表率作用）。**所恶于上**（所恶于上，厌恶上司的所作所为），**毋以使下**（就不要用来支使下属；使，支使）；**所恶于下**（厌恶下属的所作所为），**毋以事上**（就不要用来侍奉上司；事，侍奉）；**所恶于前**（厌恶有人在你前面），**毋以先后**（自己就不要在人前；先后，在后人之前行走）；**所恶于后**（厌恶有人在你后面），**毋以从前**（自己就不要跟在人后走；从前，跟从前面的人走）；**所恶于右**（厌恶在右边），**毋以交于左**（自己就不求在人左边；交，通假"徼"，求取）；**所恶于左**（厌恶在左边），**毋以交于右**（自己就不求在人右边），**此之谓絜矩之道。《诗》云："乐只君子，民之父母**（此诗句出自《诗经·小雅·南山有台》，意思是'乐意容纳人才的君王是民众的父母'；只，此，指容纳人才之美德）。"**民之所好好之，民之所恶恶之。此之谓民之父母。《诗》云："节彼南山，维石岩岩。赫赫师尹，民具尔瞻**（此诗句出自《诗经·小雅·节南山》，意思是'雄伟的终南山，险峻不可攀，权势显赫的尹太师，百姓可都仰视着你'，该诗以终南山喻比执政太师尹氏，讽刺尹氏执政不公任人唯亲。节，雄伟；师尹，太师尹氏；瞻，仰视）。"**有国者不可以不慎，辟则为天下僇矣**（辟，偏差；僇[lù]，辱）。**《诗》云："殷之未丧师，克配上帝。仪监于殷，峻命不易**（此诗句出自《诗经·大雅·文王》，意思是'殷商在未失尽民意前能顺承天意，我周朝应以殷商为鉴,懂得受天命之不易'。丧师,丧失民众;克,能;仪监,借鉴;峻命,天命)。"**道得众则得国**(道,说),**失众则失国。是故君子先慎乎德**(慎乎德,慎于德),**有德此有人**(此,这样),**有人此有土,有土此有财,有财此有用**(用,国家开支)。**德者本也,财者末也。外本内末**(本末倒置),**争民施夺**(与民争夺财产),**是故财聚则民散,财散则民聚。是故言悖而出者**(言悖而出,言语悖理),**亦悖而入**(悖而入,遭到悖理的报复);**货悖而入者**(货悖而入,悖理敛财),**亦悖而出**(悖而出,被别人悖理而夺)。**《康诰》曰:"惟命不于常**(天命无常)。"**道善则得之**(道,言),**不善则失之矣。《楚书》曰:"楚国无以为宝,惟善以为宝**(《楚书》,指《国语·楚语》。据《国语·楚语·下十八》记载,楚国大夫王孙圉[yǔ]出使晋国,晋国大夫赵简子问起楚国的珍宝,王孙圉答道:楚国从不把美玉当珍宝,只把德才兼备的善人当珍宝)。"**舅犯曰:"亡人无以为宝,仁亲以为宝**(舅犯,狐偃,字子犯,为晋文公重耳的舅舅,故称舅犯;亡人,流亡在外的晋公子重耳。据《礼记·檀弓下》记载,晋献公死,秦穆公派使者吊唁流亡在外的重耳,鼓励他乘晋国丧乱之机兴兵收国,其舅子犯教他对使者说这句话,故而秦穆公认为重耳仁)。"**《秦誓》曰**(此段文字出自《尚书·周书·秦誓》,是秦穆公伐郑被晋击败后的悔过之词,这里引用的是秦穆公总结的用人经验):"**若有一介臣**(介,个),**断断兮无他技**(断断,忠诚专一；技,技能),**其心休休焉**(休休,善良宽厚),**其如有容焉**(有容,能容人),**人之有技,若己有之,人之彦圣**(彦,才能；圣,品德),**其心好之,不啻若自其口出**(不啻[chì],不仅；若自其口出,像他口头说的),**是能容之**(是,实),**以能保我子孙黎民**(以,用),**亦职有利哉**(职,尚)。**人之有技,冒疾以恶之**(冒疾,嫉妒),**人之彦圣,而违之俾不达**(违,恨；俾不达,使不能通达君王上司),**是不能容,以不能保我子孙黎民,亦曰殆哉**(殆,危害)。"**唯仁人放流之**(仁人,仁德之人；之,指不能容人的小人),**迸诸四夷**(驱逐到四夷居住地；迸[píng],通假"屏",放逐；诸,之于),**不与同中国**(中国,中原)。**此谓"唯仁人为能爱人能恶人"**(能爱人能恶人,爱憎分明)。**见贤而不能举**(举,举荐),**举而不能先**(先,地位在自己之上),**命也**(命[màn],通假"慢",怠慢)。**见不善而不能退**(退,罢退),**退而不能远**(远,疏远),**过也。好人之所恶,恶人之所好,是谓拂人之性**(拂,违背),**菑必逮夫身**(菑[zāi],灾；逮,到；夫,助词,此)。**是故君子有大道**(大道,常理,此常理即下文的"必忠信以得之,骄泰以失之"),**必忠信以得之,骄泰以失之**(骄泰,骄傲放纵)。**生财有大道**(大道,常理),**生之者众**(生,生产),**食之者寡,为之者疾**(为,创造；疾,快),**用之者舒**(舒,慢),**则财恒足矣**(恒,长久)。**仁者以财发身**(发身,修身养性),**不仁者以身发财。未有上好仁而下不好义者也,未有好义**

其事不终者也（其事不终，半途而废），**未有府库财非其财者也**（府库财，国库财富）。**孟献子曰**（孟献子，鲁国大夫仲孙蔑）："**畜马乘**（畜马乘，养得起马车的下大夫；乘，四马拉一车谓乘），**不察于鸡豚**（察，察明；豚，猪）；**伐冰之家**（伐冰之家，古代唯有大夫以上的贵族才能在丧祭时用冰块，故伐冰之家指称达官贵族；伐冰，凿取冰块），**不畜牛羊；百乘之家**（百乘之家，能有一百辆四马拉车的卿大夫），**不畜聚敛之臣，与其有聚敛之臣，宁有盗臣**（聚敛之臣，搜刮民财的家臣；盗臣只是盗窃主人家财，而聚敛之臣会引起民反，导致国家败落）。"**此谓国不以利为利，以义为利也。长国家而务财用者**（长国家，指国君；务，专心），**必自小人矣**（自小人，听信小人诱导）。**彼为善之**（彼，指国君；为善之，要治理好国家），**小人之使为国家**（用小人来治国；此句为宾语前置，正常语序为"使小人为国家"，"之"指代"小人"），**灾害并至，虽有善者**（善者，有心治理好国家），**亦无如之何矣**（无如之何，无可奈何）。**此谓国不以利为利，以义为利也。**

提示：

本章节论述"平天下在治其国"。强调欲平天下者要行"己所不欲，勿施于人"的絜矩之道，要懂得"得众则得国，失众则失国"的道理；要近君子远小人；同时国家不以牟利为利，以义为利。

译文：

所谓"平天下在治其国"，指在上位者敬老而民兴孝，在上位者敬兄长而民兴悌，在上位者怜恤孤寡而民照样去做。所以君子有推己及人的表率作用。自己厌恶上司的所作所为，就不要用来支使下属；自己厌恶下属的所作所为，就不要用来侍奉上司；厌恶有人走在你前面，自己就不要走在人前；厌恶有人走在你后面，自己就不要跟在人后走；自己厌恶在右边，就避免让人在右边；自己厌恶在左边，就避免让人在左边。这就是絜矩之道，即己所不欲，勿施于人。《诗经》说："乐意容纳人才的君王，是民众的父母。"好民之所好，恶民之所恶，这就是民之父母。《诗经》说："雄伟的终南山，险峻不可攀，权势显赫的尹太师，百姓可都仰视着你。"故有权者不可不慎，出偏差则为民所不容。《诗经》说："殷商在未失尽民意前能顺承天意，我周朝应以殷商为鉴，懂得受天命之不易。"说的是得众则得国，失众则失国。所以君子首先要慎重德性，有德就有人，有人就有土地，有土地就有财，有财就有国家的开支。德是本，财是末，本末倒置，就会与民争财夺利，故财聚则民散，财散则民聚。所以言语若悖理，必遭悖理的报复；悖理而敛财，最终必将被别人悖理而夺走。《康诰》说："天命无常。"说的是善则得，不善则失。《楚书》说："楚国无以为宝，惟将善人视作珍宝。"舅犯教公子重耳说："我重耳流亡在外，无以为宝，以仁爱亲族为宝。"《秦誓》说：假如有一臣子，忠实专一但无本事，其心善良宽厚，能容他人，别人有本事就像他自己有，别人有才有德，他从心里喜欢，不仅仅口头上说说而已，真能容得下，用这种人保我子孙黎民，于国家有利。看到别人有本事嫉妒厌恶，看到别人有才有德，憎恨而阻扰其上达，这种人不能容人，用之不能保我子孙黎民，也可说是危害。仁德之人就要把这种不能容人的小人流放到四夷，不许他同贤能同住中原，这叫爱憎分明。见贤而不能举，举而不能容其在自己之上，这是怠慢政务。见不善者而不能罢退，罢退而不能疏远他，这是过错。喜好人们所憎恶的，憎恶人们所喜好的，这是违背人性，灾难必至其身。所以君子有常理，忠信必有所得，骄泰必有所失。生财有其常理，即生产财富的人要多，消耗财富的人要少，创造财富要快，动用财富要慢，这才能使财富保持充足。仁者以财富修身养性，不仁者不惜丧身以敛财。君王好仁则臣下好义，好义则事能成，国库财富也就是国家君王的财富。孟献子说：养得起马车的下大夫，就不要管喂鸡养猪的事；有资格伐冰的中上大夫之家，就不要畜养牛羊；拥有百乘兵车的上卿之家，不可用聚敛财富的家臣，与其有聚敛财富的家臣，不如家有盗窃主人财物的家臣。这是说国家不可以牟利为利，要以义为利。国君专心于敛财，必是听信了小人的诱导。国君要治理好国家，却用小人来治国，灾难和祸害必将一齐降临，那时即使想治理好国家，也无济于事。这说的就是国不可以牟利为利，要以义为利的道理。

按重新排序文本释读

（由于传统的《大学》篇存在乱简错简，语义逻辑有所不顺，故笔者对传统的《大学》篇做了些微的排序调整）

1.

大学之道,在明明德,在亲民,在止于至善。知止而后有定,定而后能静,静而后能安,安而后能虑,虑而后能得。物有本末,事有终始,知所先后,则近道矣。

大学之道(大学,安邦治国之学问;道,原理),**在明明德**(明明德,明,动词,彰显;明德,美德),**在亲民**(亲民,"新民"之误,改造民众使之革旧更新),**在止于至善**(止,达到;至善,善的最高境界)。**知止而后有定**(知止,"止"的本意是"达到",知止即制定目标;定,明确方向),**定而后能静**(静,内心宁静),**静而后能安**(安,性情安和),**安而后能虑**(虑,思考),**虑而后能得**(得,有所收获)。**物有本末,事有终始,知所先后**(知所先后,懂得先后次序),**则近道矣**。

提示:

先秦的贵族子弟肩负继承爵位安邦治国之使命,所以他们从小就要学习"大学"。所谓"大学"是相对"小学"而言的,"小学"指研究文字含义构成的训诂学,"大学"则指安邦治国的政治学。本章节是全篇的中心,它提出安邦治国的三要素:明明德,亲民,止于至善。"明明德"即在民众中彰显美德,"亲民"即改造民众使之革旧更新,"止于至善"即使民众达到善的最高境界。

译文：

安邦治国的原理,在于彰显美德,在于改造民众使之革旧更新,在于使民众达到善的最高境界。处事制定了目标才能明确方向,明确了方向才能内心宁静,内心宁静才能性情安和,性情安和才能深思熟虑,深思熟虑才能有所收获。万物都有本末,万事都有终始,懂得处事的先后次序,离处事的原理就不远了。

2.（原5）

《康诰》曰:"克明德。"《太甲》曰:"顾是天之明命。"《帝典》曰:"克明峻德。"皆自明也。

《康诰》(《康诰》,《尚书 周书》中的一篇。周公在平定三监和武庚叛乱后封其弟康叔于殷地,《康诰》是康叔上任前周公对他的训辞)曰:"**克明德**(克明德,原句为'惟乃丕显考文王克明德慎罚',意思是'你伟大英明的父亲文王能崇尚美德慎用刑罚';克,能够;明,彰显)。"**《太甲》**(《太甲》,《尚书 商书》中的一篇。太甲,商代国君,商开国君王成汤的嫡长孙,因破坏成汤的法制,不理国政而被辅佐大臣伊尹放逐,他在民间了解了人民的疾苦,复位后励精图治,做到'诸侯归殷,百姓以宁')曰:"**顾是天之明命**(顾是天之明命,原句为'先王顾諟(古是字)天之明命,以承上下神祇',意思是'先王成汤每有所行必环视天之明令,顺应天地神灵';顾,回顾;是,此;天之明命,天赋美德)。"**《帝典》**(《帝典》,也称《尧典》,《尚书·虞书》中的一篇,记述尧帝的事迹)曰:"**克明峻德**(克明俊德,原句为'克明峻德,以亲九族',意思是'尧能彰显有才智有德性者,使九族上下亲密无间';俊,高才智;德,有德性)。"**皆自明也**(此句言周文王、商成汤、尧帝三人都能自觉地彰显美德;自,自我;明,彰显)。

提示:

本章节论述古代先圣的"明明德",它引经据典,证明周文王、商成汤、尧帝都能自觉地彰显美德。

译文:

《康诰》说:周文王能彰显美德。《太甲》说:成汤不忘上天赋予的美德。《帝典》说:尧能彰显才智和美德。说的都是自觉地彰显美德。

3.(原6)

汤之《盘铭》曰:"苟日新,日日新,又日新。"《康诰》曰:"作新民。"《诗》曰:"周虽旧邦,其命维新。"是故君子无所不用其极。

39

汤之《盘铭》（汤，商开国君王成汤；盘铭，镂刻在青铜洗脸盆上的铭文）曰："**苟日新**（苟，如果；日，一天；新，洗新革旧），**日日新，又日新**（又，再。汤之《盘铭》是称颂成汤的功德，盘这种青铜器既然是洗脸盆，其铭文自然与洗新革旧有关，这句铭文喻意品德修养上的弃旧图新）。"《康诰》曰："**作新民**（作，振作、鼓励）。"《诗》曰："**周虽旧邦**（旧邦，周原是商朝属下一个在西北部的诸侯国，故称旧邦），**其命维新**（其命，指周朝承受的天命；维，语助词。此诗引自《诗经·大雅·文王》，是歌颂周文王的）。"**是故君子无所不用其极**（是故，因此；无所不用其极，尽全力）。

提示：

本章节论述"亲民"即革旧更新。它引经据典，证明古代先圣都提倡革旧更新，所以君子应尽全力图自新，以达到至善的境界。

译文：

成汤的《盘铭》说：假如一天自新，就要天天自新，每天自新。《康诰》说：鼓励民众自新。《诗经》说：周虽是个古老的邦国，但国运是新的。所以君子当尽全力图自新。

4.（原7）

《诗》云："邦畿千里，维民所止。"《诗》云："绵蛮黄鸟，止于丘隅。"子曰："于止，知其所止，可以人而不如鸟乎？"《诗》云："穆穆文王，于缉熙敬止。"为人君止于仁，为人臣止于敬，为人子止于孝，为人父止于慈，与国人交止于信。

《诗》云："邦畿千里，维民所止（此诗句出自《诗经·商颂·玄鸟》，意思是'商的京城方圆千里，是民众向往居住的地方'，作者引用此诗句是想说明万事都应该有个目标。邦畿，京城；维，为；止，居住，引申为所追求的目标）。"《诗》云："绵蛮黄鸟，止于丘隅（此诗句出自《诗经·小雅·绵蛮》，意思是'不开化的黄鸟都懂得在山丘角栖息'，作者引用此诗句是想说明黄鸟都有自己的目标，故孔子在下文借题发挥说"人岂可不如鸟，连目标都没有"。绵蛮，不开化；止，栖息处；丘隅，山丘角）。"子（子，孔子）曰："于止（于止，该休息时），知其所止，可以人而不如鸟乎（可以，通假"何以"）？"《诗》云："穆穆文王（仪表堂堂的周文王），于缉熙敬止（此诗句出自《诗经·大雅·文王》，意思是'端庄谦恭的文王敬重光明正大并以此为追求的目标'。于⋯⋯止，以⋯⋯为目标；缉熙，光明正大；敬，敬重）。"为人君止于仁（止，本意是"达到"，引申为所追求的目标），为人臣止于敬，为人子止于孝，为人父止于慈，与国人交止于信。

提示：

本章节论述"止于至善"。"止"的本意为达到，引申为追求的目标。本章节所引用的《诗经》中的诗句都在于证明目标确定方可行事。因此，为人君者目标是仁，为人臣者目标是敬，为人子者目标是孝，为人父者目标是慈，与民众交往目标是诚信。

译文：

《诗经》说：京城方圆千里，是民众向往居住的所在。《诗经》说：不开化的黄鸟都知道山丘角是自己的栖息处。孔子说：连鸟都知道目标何在，人怎么可以不如鸟呢？《诗经》说：端庄谦恭的周文王敬重光明正大并以此为自己追求的目标。所以为君的目标是仁，为臣的目标是敬，为子的目标是孝，为父的目标是慈，与民众交往的追求目标是诚信。

5. （原8）

子曰："听讼，吾犹人也。必也使无讼乎。"无情者不得尽其辞，大畏民志，此谓知本。

子曰："听讼（听讼，审理诉讼），吾犹人也（犹人，像他人一样）。必也使无讼乎（最好能使人们不发生诉讼）。"无

情者不得尽其辞（让没有实情的人无法编造谎言），**大畏民志**（让民心畏服），**此谓知本。**

提示：

本章节强调本末关系。此段话出自《论语·颜渊》，孔子认为审理官司只是末，唯有真正消除民间诉讼才是本。本末不倒置，才叫知本。

译文：

孔子说：审理官司，我与其他人没什么两样，不一样的是我的目的最终要杜绝官司的发生。能做到不让无理者在公堂大放厥词，能让民心畏服，这才叫知本。

6. （原2）

古之欲明明德于天下者，先治其国；欲治其国者，先齐其家；欲齐其家者，先修其身；欲修其身者，先正其心；欲正其心者，先诚其意；欲诚其意者，先致其知；致知在格物。格物而后知至，知至而后意诚，意诚而后心正，心正而后身修，身修而后家齐，家齐而后国治，国治而后天下平。自天子以至于庶人，壹是皆以修身为本。其本乱而末治者，否矣。其所厚者薄，而其所薄者厚，未之有也。此谓知本，此谓知之至也。

古之欲明明德于天下者，先治其国（国，古代诸侯拥有邦国）；**欲治其国者，先齐其家**（家，古代大夫在本国内拥有封邑，封邑便是大夫的家族；齐，整顿）；**欲齐其家者，先修其身；欲修其身者，先正其心；欲正其心者，先诚其意**（诚其意，使意念真诚）；**欲诚其意者，先致其知**（致其知，达到认知明确）；**致知在格物**（格物，推究事物的原理）。**格物而后知至，知至而后意诚，意诚而后心正，心正而后身修，身修而后家齐，家齐而后国治，国治而后天下平。自天子以至于庶人**（庶人，西周时指农民，春秋时指地位在士以下者，秦汉时指没官爵的平民），**壹是皆以修身为本**（壹是，一切）。**其本乱而末治者，否矣**（否，无）。**其所厚者薄**（厚，重；薄，轻），**而其所薄者厚，未之有也**（未之有，从未有过）。**此谓知本，此谓知之至也**（知之至，知的最高境界）。

提示：

本章节对"明明德于天下"提出了一个实践的方法，在这个实践方法中最重要的是修善其身。作者认为自天子到庶人都必须以修善其身为本，唯有通过修善其身，才能达到"明明德于天下"的目标。

译文：

古时候，想要彰显美德于天下者，先要治理好他的邦

按重新排序文本释读

国；要治理好邦国者，先要整治好他的家族；要整治好家族者，先要修善其身；要修善其身，先要端正内心；要端正内心，先要意念真诚；要意念真诚，先要认知明确；要达到认知明确就要推究事物的原理。只有推究事物原理才能达到认知明确，只有认知明确才能意念真诚，只有意念真诚才能内心端正，只有内心端正才能修善其身，只有修善其身才能整治好家族，只有整治好家族才能治理好邦国，只有治理好邦国，而后才能使天下太平。从天子到庶民，一律都要以修身为本。本乱而末治是不可能的，轻重缓急颠倒而成事，这种情况从未有过。这就叫懂得"本"，这才是达到"知"的最高境界。

7.（原3）

所谓诚其意者，毋自欺也。如恶恶臭，如好好色，此之谓自谦。故君子必慎其独也。小人闲居为不善，无所不至；见君子而后厌然，掩其不善，而著其善。人之视己，如见其肺肝然，则何益矣。此谓诚于中形于外，故君子必慎其独也。曾子曰："十目所视，十手所指，其严乎！"富润屋，德润身，心广体胖，故君子必诚其意。

所谓诚其意者，毋自欺也。如恶恶臭（恶恶臭，厌恶污秽的气味，前一个恶[wù]为动词，讨厌），**如好好色**（好好色，喜好美色，前一个好[hào]为动词，喜欢），**此之谓自谦**（自谦

45

[qiè]，自己得到快感，自我满足）。**故君子必慎其独也**（慎其独，一人独处时也谨慎）。**小人闲居为不善，无所不至；见君子而后厌然**（厌[yǎn]然，掩饰貌）**，掩其不善，而著其善**（著，显现）。**人之视己，如见其肺肝然，则何益矣。此谓诚于中形于外**（心里有什么必然显露在外；诚，真实）**，故君子必慎其独也。曾子曰："十目所视，十手所指，其严乎！"富润屋**（润，修饰）**，德润身，心广体胖**（胖[pán]，安泰舒适）**，故君子必诚其意。**

提示：

本章节论述"诚其意"，强调"诚其意"必须纯粹出自自然。因此君子须严守"慎独"，所谓"慎独"就是一人独处时也必须守德性，不可因无人看见而胡作非为。

译文：

所谓"诚其意"就是不要自欺，完全出自内心满足，如同人本能地厌恶恶臭，喜好美色。所以君子在独处时必须谨慎。小人闲居时做坏事无所不为，见到君子则遮遮掩掩，掩饰自己的坏处，显露自己的好处。其实别人看他如同看透他的五脏六腑，小人这样做又能有什么益处呢。人心里有什么，必然显露在外，所以君子在独处时必须谨慎。曾子说：即便独处也要像有好多眼睛盯着自己,有好多手指指着自己,要求多么严厉啊!财富仅能装饰房屋,德性可以美化自身,心胸宽广了身体才能坦然安适,所以君子必须意念真诚。

8.(原4)

《诗》云:"瞻彼淇奥,绿竹猗猗。有斐君子,如切如磋,如琢如磨,瑟兮僴兮,赫兮喧兮。有斐君子,终不可谖兮。""如切如磋"者,道学也;"如琢如磨"者,自修也;"瑟兮僴兮"者,恂慄也;"赫兮喧兮"者,威仪也;"有斐君子,终不可谖兮"者,道盛德至善,民之不能忘也。《诗》云:"于戏,前王不忘。"君子贤其贤而亲其亲,小人乐其乐而利其利,此以没世不忘也。

《诗》云:"瞻彼淇奥(此诗句出自《诗经·卫风·淇奥》,作者引用这些诗句是为了提出君子的标准。瞻,看;淇,淇水;奥[yù],河水弯曲处),**绿竹猗猗**(猗猗[yī],竹初生柔弱而美,此喻比君子)。**有斐君子**(有斐,有文采),**如切如磋**(切,磨骨谓切;磋,磨象牙谓磋;此句喻比君子如打磨过的骨器象牙般有文采),**如琢如磨**(琢,磨玉谓琢;磨,磨石谓磨),**瑟兮僴兮**(瑟,矜持貌;僴[xiàn],威武貌),**赫兮喧兮**(赫,光明貌;喧,坦白貌;此二句言为人举止)。**有斐君子,终不可谖兮**(谖[xuān],忘)。""**如切如磋**"者,道学也(道,言);"**如琢如磨**"者,自修也;"**瑟兮僴兮**"者,恂慄也(恂慄,惶恐);"**赫兮喧兮**"者,威仪也;"**有斐君子,终不可谖兮**"者,道盛德至善，民之不能忘也。《诗》云："于戏（于戏[wū hū]，呜呼），前王不忘（此诗句出自《诗经·周颂·烈文》，是周成王祭祀祖先时告诫诸侯别忘记周朝先圣，作者引用此句是为了说明正因为先圣君王具备这些美德，所以被后人永远怀念）。"君子贤其贤而亲其亲（贤其贤，前一个"贤"为动词，尊崇，后一个"贤"为名词，有德行才能者；亲其亲，前一个"亲"为动词，友爱，后一个"亲"为名词，亲属），小人乐其乐而利其利（乐其乐，前一个"乐"为动词，享乐，后一个"乐"为名词，安乐；利其利，前一个"利"为动词，贪爱，后一个"利"为名词，利益），此以没世不忘也（没世，永远）。

提示：

本章节继前章节论述君子的标准，君子必须有文采，追求学问，能修善其身，严守慎独，有威严。古代的先圣均具备这些美德，故永远被后人怀念。

译文：

《诗经》说：淇水弯曲处，绿竹茂又美。有文采的君子，就像经过切磋的骨器和象牙，如同经过琢磨的玉器和石器，他们庄严威武，光明坦然。有文采的君子，终不被人忘却。"如切如磋"讲君子求学；"如琢如磨"讲自我修养；"瑟兮僩兮"讲内心谨慎；"赫兮喧兮"讲外表威严；

"有斐君子,终不可谖兮"讲德高望重者终不被民众忘却。《诗经》说:先圣君王使人不能忘怀。先圣君王因为任用贤人而亲睦亲族,民众能享受先圣君王带来的安乐和利益,因此人们永远怀念他们。

9.

所谓"修身在正其心"者,身有所忿懥,则不得其正;有所恐惧,则不得其正;有所好乐,则不得其正;有所忧患,则不得其正。心不在焉,视而不见,听而不闻,食而不知其味。此谓修身在正其心。

所谓"修身在正其心"者,身有所忿懥(忿懥[zhì],愤怒)**,则不得其正;有所恐惧,则不得其正;有所好乐**(好乐,喜好)**,则不得其正;有所忧患,则不得其正。心不在焉**(心不正)**,视而不见,听而不闻,食而不知其味。此谓修身在正其心。**

提示:
本章节论述如何"正其心"。

译文:
所谓"修身在正其心",说的是心有愤怒就不能正,有恐惧就不能正,有喜好就不能正,有忧患就不能正。心不正,则视而不见,听而不闻,食而不知其味。这就是说要修身首先要端正自己的内心。

10.

所谓"齐其家在修其身"者,人之其所亲爱而辟焉,之其所贱恶而辟焉,之其所畏敬而辟焉,之其所哀矜而辟焉,之其所敖惰而辟焉。故好而知其恶,恶而知其美者,天下鲜矣。故谚有之曰:"人莫知其子之恶,莫知其苗之硕。"此谓身不修不可以齐其家。

所谓"齐其家在修其身"者,人之其所亲爱而辟焉(人对于自己所亲近的人总是偏爱;辟,偏),**之其所贱恶而辟焉**(贱恶,鄙视、厌恶),**之其所畏敬而辟焉,之其所哀矜而辟焉**(哀矜,同情),**之其所敖惰而辟焉**(敖惰,傲慢)。**故好而知其恶,恶而知其美者,天下鲜矣**(鲜,少)。**故谚有之曰:"人莫知其子之恶,莫知其苗之硕**(人不知自己儿子的恶,为什么?因为爱;人不知自己田里的苗长得硕壮,为什么?因为贪;故修身重要的是自知和知他)**。"此谓身不修不可以齐其家。**

提示:

本章节论述当以公正之心对待自己的亲近,这是齐家的首要条件。

按重新排序文本释读

译文：

所谓"齐其家在修其身"，是因为人对自己亲近的人总是偏爱，对自己鄙视的人总是偏恶，对自己敬畏的人难免偏敬，对自己同情的人难免偏怜，对自己轻视的人难免偏轻。对自己喜欢的人能了解其短处，对自己厌恶的人能了解其长处，这样的人天下不多。所以古谚语说，人往往不知自己子女的缺点，人往往不满足自己长势苗壮的禾苗。这是说不修身不可以整顿自己的家族。

11.

所谓"治国必先齐其家"者，其家不可教而能教人者无之。故君子不出家而成教于国。孝者所以事君也，弟者所以事长也，慈者所以使众也。《康诰》曰："如保赤子。"心诚求之，虽不中不远矣。未有学养子而后嫁者也。一家仁，一国兴仁；一家让，一国兴让；一人贪戾，一国作乱；其机如此。此谓一言偾事，一人定国。尧舜率天下以仁，而民从之；桀纣率天下以暴，而民从之；其所令反其所好，而民不从。是故君子有诸己而后求诸人，无诸己而后非诸人。所藏乎身不恕，而能喻诸人者，未之有也。故治国在齐其家。《诗》云："桃之夭夭，其叶蓁蓁；之子于归，宜其家人。"宜其家人，而后可以教国人。《诗》云："宜兄宜弟。"宜兄宜弟，而后可以教国人。《诗》云："其仪不忒，正是四国。"其为父子兄弟足法，而后民法之也。此谓治国在齐其家。

51

所谓"治国必先齐其家"者,其家不可教而能教人者无之。故君子不出家而成教于国(成教于国,教化国人)。**孝者所以事君也**(所以,用以;事,侍奉),**弟者所以事长也**(弟,通假"悌",敬爱兄长;长,兄长),**慈者所以使众也**(使众,支配民众)。《康诰》曰:"**如保赤子**(如保赤子,出自《尚书·周书·康诰》,为周公告诫康叔要像保护自己的婴儿那样保护自己的子民)。"**心诚求之,虽不中不远矣**(中,达到,此指"如保赤子")。**未有学养子而后嫁者也。一家仁,一国兴仁;一家让,一国兴让;一人贪戾**(贪戾,贪婪暴戾),**一国作乱;其机如此**(机,事物变化的原由)。**此谓一言偾事**(偾事,败事),**一人定国。尧舜率天下以仁,而民从之;桀纣率天下以暴**(桀纣,分别是夏代和商代的末代君主,二人均以荒淫无度,残酷暴虐而著称),**而民从之;其所令反其所好**(对民众的号令是一套,自己喜欢的行为又是另一套),**而民不从。是故君子有诸己而后求诸人**(所以君子先要求自己,然后才要求别人;诸,"之于"的连读),**无诸己而后非诸人**(自己没要求的,就不要求人)。**所藏乎身不恕**(所藏乎身,自身;恕,儒家推行的恕道,即"己所不欲,勿施于人"),**而能喻诸人者**(喻,使人明白),**未之有也。故治国在齐其家。**《诗》云:"**桃之夭夭,其叶蓁蓁**(蓁蓁[zhēn],叶茂盛貌);**之子于归,宜其家人**(此诗句出自《诗经·周南·桃夭》,大意是娶回一个能照顾家庭的女子,能使夫家兴隆)。"**宜其家**

人,而后可以教国人。《诗》云:"宜兄宜弟(此句出自《诗经·小雅·蓼萧》,是赞美周天子与兄弟之间友爱团结,恩泽兄弟诸侯)。"宜兄宜弟,而后可以教国人。《诗》云:"**其仪不忒,正是四国**(此句出自《诗经·曹风·鸤鸠》,意思是周天子的礼仪举止没差错,才能作各国的表率。仪,礼仪;忒[tè],差错;正,做表率;是,此)。"**其为父子兄弟足法**(足法,足以效法)**,而后民法之也。此谓治国在齐其家。**

提示:

本章节论述"治国必先齐其家",整顿好自己的家族,才能成为国人的表率,才具备治理国家的资格。

译文:

所谓"治国必先齐其家",是因为若其家都不能教化而能教化国人者从未有过,所以君子不出家门就能教化国人。孝者可侍奉国君,悌者可侍奉兄长,慈者可指使百姓。《康诰》说:保护国民要像保护自己的婴儿一样。只要诚心这样去做,虽不能完全达到,但离目标也不远了。从未有先学会养育孩子然后再出嫁的女人。国君的家族仁,整个邦国才能兴仁;国君的家族谦让,整个邦国才能兴谦让;国君贪婪暴戾,整个邦国就会作乱;其原由就在表率的作用。这就叫"一言败事,一人定国"。尧舜以仁统率天下,民众跟着行仁。桀纣以残暴统率天下,民众跟着行暴。君主号令与自己的行为相背,民众是不会尊从的。所以君子先要求自己然后才要求别人,自己没要求就不要求别人。自己不具备恕道,而去教育他人行恕道,是从未有的。所以治国首先在整顿好自己的家族。《诗经》说:桃枝弯弯,其叶茂盛,娶女归家,夫家兴隆。自己家族和睦了,而后才能教化国人。《诗经》说:恩泽兄弟。兄弟间团结友爱了,而后才能教化国人。《诗经》说:天子礼仪举止无差错,才能成为四方各国的表率。自己为父为子为兄为弟都值得效法,民众才会效法他。这就是治国须首先整顿好自己家族的道理。

12.

所谓"平天下在治其国"者,上老老而民兴孝,上长长而民兴弟,上恤孤而民不倍。是以君子有絜矩之道也。所恶于上,毋以使下;所恶于下,毋以事上;所恶于前,毋以先后;所恶于后,毋以从前;所恶于右,毋以交于左;所恶于左,毋以交于右,此之谓絜矩之道。《诗》云:"乐只君子,民之父母。"民之所好好之,民之所恶恶之。此之谓民之父母。《诗》云:"节彼南山,维石岩岩。赫赫师尹,民具尔瞻。"有国者不可以不慎,辟则为天下僇矣。《诗》云:"殷之未丧师,克配上帝。仪监于殷,峻命不易。"道得众则得国,失众则失国。是故君子先慎乎德,有德此有人,有人此有土,有土此有财,有财此有用。德者本也,财者末也。外本内末,争民施夺,是故财聚则民散,财散则民聚。是故言悖而出者,亦悖而入;货悖而入者,亦悖而出。《康诰》曰:"惟命不于常。"道善则得之,不善则失之矣。《楚书》曰:"楚国无以为宝,惟善以为宝。"舅犯曰:"亡人无以为宝,仁亲以为宝。"《秦誓》曰:"若有一介臣,断断兮无他技,其心休休焉,其如有容焉,人之有技,若己有之,人之彦圣,其心好之,不啻若自其口出,是能容之,以能保我子孙黎民,亦职有利哉。人之有技,冒疾以恶之,人之彦圣,而违之俾不达,是不能容,以不能保我子孙黎民,亦曰殆哉。"唯仁人放流之,迸诸四夷,不与同中国。此谓"唯仁人为能爱人,能恶人"。见贤而不能举,举而不能先,命也。见不善而不能退,退而不能远,过也。好人之所恶,恶人之所好,是谓拂人之性,菑必逮夫身。是故君子有大道,必忠信以得之,骄泰以失之。生财有大道,生之者众,食之者寡,为之者疾,用之者舒,则财恒足矣。仁者以财发身,不仁者以身发财。未有上好仁,而下不好义者也,未有好义其事不终者也,未有府库财非其财者也。孟献子曰:"畜马乘,不察于鸡豚;伐冰之家,不畜牛羊;百乘之家,不畜聚敛之臣,与其有聚敛之臣,宁有盗臣。"此谓国不以利为利,以义为利也。长国家而务财用者,必自小人矣。彼为善之,小人之使为国家,菑害并至,虽有善者,亦无如之何矣。此谓国不以利为利,以义为利也。

所谓"平天下在治其国"者,上老老而民兴孝(上老老,上,国君等在上位者;老老,敬老),上长长而民兴弟(长长,敬兄长;弟,通假"悌",敬爱兄长),上恤孤而民不倍(恤孤,怜恤孤寡;不倍,不违背)。是以君子有絜矩之道也(是以,因此；絜[xié]矩之道，"絜"的本意是测量，"矩"是一种木匠用的矫正工具，絜矩之道即儒家推崇的表率作用）。**所恶于上**（所恶于上，厌恶上司的所作所为），**毋以使下**（就不要用来支使下属；使，支使）；**所恶于下**（厌恶下属的所作所为），**毋以事上**（就不要用来侍奉上司；事，侍奉）；**所恶于前**（厌恶有人在你前面），**毋以先后**（自己就不要在人前；先后，在后人之前行走）；**所恶于后**（厌恶有人在你后面），**毋以从前**（自己就不要跟在人后走；从前，跟从前面的人走）；**所恶于右**（厌恶在右边），**毋以交于左**（自己就不求在人左边；交，通假"徼"，求取）；**所恶于左**（厌恶在左边），**毋以交于右**（自己就不求在人右边），**此之谓絜矩之道。《诗》云："乐只君子，民之父母**（此诗句出自《诗经·小雅·南山有台》，意思是'乐意容纳人才的君王是民众的父母'；只，此，指容纳人才之美德）。"**民之所好好之，民之所恶恶之。此之谓民之父母。《诗》云："节彼南山，维石岩岩。赫赫师尹，民具尔瞻**（此诗句出自《诗经·小雅·节南山》，意思是'雄伟的终南山，险峻不可攀，权势显赫的尹太师，百姓可都仰视着你'，该诗以终南山喻比执政太师尹氏，讽刺尹氏执政不公任人唯亲。节，雄伟；师尹，太师尹氏；瞻，仰视）。"**有国者不可以不慎，辟则为天下僇矣**（辟，偏差；僇[lù]，辱）。**《诗》云："殷之未丧师，克配上帝。仪监于殷，峻命不易**（此诗句出自《诗经·大雅·文王》，意思是'殷商在未失尽民意前能顺承天意，我周朝应以殷商为鉴,懂得受天命之不易'。丧师,丧失民众;克,能;仪监,借鉴;峻命,天命)。"**道得众则得国**(道,说),**失众则失国。是故君子先慎乎德**(慎乎德,慎于德),**有德此有人**(此,这样),**有人此有土,有土此有财,有财此有用**(用,国家开支)。**德者本也,财者末也。外本内末**(本末倒置),**争民施夺**(与民争夺财产),**是故财聚则民散,财散则民聚。是故言悖而出者**(言悖而出,言语悖理),**亦悖而入**(悖而入,遭到悖理的报复);**货悖而入者**(货悖而入,悖理敛财),**亦悖而出**(悖而出,被别人悖理而夺)。**《康诰》曰:"惟命不于常**(天命无常)。"**道善则得之**(道,言),**不善则失之矣。《楚书》曰:"楚国无以为宝,惟善以为宝**(《楚书》,指《国语·楚语》。据《国语·楚语·下十八》记载,楚国大夫王孙圉[yǔ]出使晋国,晋国大夫赵简子问起楚国的珍宝,王孙圉答道:楚国从不把美玉当珍宝,只把德才兼备的善人当珍宝)。"**舅犯曰:"亡人无以为宝,仁亲以为宝**(舅犯,狐偃,字子犯,为晋文公重耳的舅舅,故称舅犯;亡人,流亡在外的晋公子重耳。据《礼记·檀弓下》记载,晋献公死,秦穆公派使者吊唁流亡在外的重耳,鼓励他乘晋国丧乱之机兴兵收国,其舅子犯教他对使者说这句话,故而秦穆公认为重耳仁)。"**《秦誓》曰**(此段文字出自《尚书·周书·秦誓》,是秦穆公伐郑被晋击败后的悔过之词,这里引用的是秦穆公总结的用人经验):"**若有一介臣**(介,个),**断断兮无他技**(断断,忠诚专一；技，技能），**其心休休焉**（休休，善良宽厚），**其如有容焉**（有容，能容人），**人之有技，若己有之，人之彦圣**（彦，才能；圣，品德），**其心好之，不啻若自其口出**（不啻[chì]，不仅；若自其口出，像他口头说的），**是能容之**（是，实），**以能保我子孙黎民**（以，用），**亦职有利哉**（职，尚）。**人之有技，冒疾以恶之**（冒疾，嫉妒），**人之彦圣，而违之俾不达**（违，恨；俾不达，使不能通达君王上司），**是不能容，以不能保我子孙黎民，亦曰殆哉**（殆，危害）。"**唯仁人放流之**（仁人，仁德之人；之，指不能容人的小人），**迸诸四夷**（驱逐到四夷居住地；迸[píng]，通假"屏"，放逐；诸，之于），**不与同中国**（中国，中原）。此谓"**唯仁人为能爱人能恶人**"（能爱人能恶人，爱憎分明）。**见贤而不能举**（举，举荐），**举而不能先**（先，地位在自己之上），**命也**（命[màn]，通假"慢"，怠慢）。**见不善而不能退**（退，罢退），**退而不能远**（远，疏远），**过也。好人之所恶，恶人之所好，是谓拂人之性**（拂，违背），**菑必逮夫身**（菑[zāi]，灾；逮，到；夫，助词，此）。**是故君子有大道**（大道，常理，此常理即下文的"必忠信以得之，骄泰以失之"），**必忠信以得之，骄泰以失之**（骄泰，骄傲放纵）。**生财有大道**（大道，常理），**生之者众**（生，生产），**食之者寡，为之者疾**（为，创造；疾，快），**用之者舒**（舒，慢），**则财恒足矣**（恒，长久）。**仁者以财发身**（发身，修身养性），**不仁者以身发财。未有上好仁而下不好义者也，未有好义其事不终者也**

（其事不终，半途而废），**未有府库财非其财者也**（府库财，国库财富）。**孟献子曰**（孟献子，鲁国大夫仲孙蔑）："**畜马乘**（畜马乘，养得起马车的下大夫；乘，四马拉一车谓乘），**不察于鸡豚**（察，察明；豚，猪）；**伐冰之家**（伐冰之家，古代唯有大夫以上的贵族才能在丧祭时用冰块，故伐冰之家指称达官贵族；伐冰，凿取冰块），**不畜牛羊；百乘之家**（百乘之家，能有一百辆四马拉车的卿大夫），**不畜聚敛之臣，与其有聚敛之臣，宁有盗臣**（聚敛之臣，搜刮民财的家臣；盗臣只是盗窃主人家财，而聚敛之臣会引起民反，导致国家败落）。"**此谓国不以利为利，以义为利也。长国家而务财用者**（长国家，指国君；务，专心），**必自小人矣**（自小人，听信小人诱导）。**彼为善之**（彼，指国君；为善之，要治理好国家），**小人之使为国家**（用小人来治国；此句为宾语前置，正常语序为"使小人为国家"，"之"指代"小人"），**灾害并至，虽有善者**（善者，有心治理好国家），**亦无如之何矣**（无如之何，无可奈何）。**此谓国不以利为利，以义为利也。**

提示：

本章节论述"平天下在治其国"。强调欲平天下者要行"己所不欲，勿施于人"的絜矩之道，要懂得"得众则得国，失众则失国"的道理；要近君子远小人；同时国家不以牟利为利，以义为利。

译文：

所谓"平天下在治其国"，指在上位者敬老而民兴孝，在上位者敬兄长而民兴悌，在上位者怜恤孤寡而民照样去做。所以君子有推己及人的表率作用。自己厌恶上司的所作所为，就不要用来支使下属；自己厌恶下属的所作所为，就不要用来侍奉上司；厌恶有人走在你前面，自己就不要走在人前；厌恶有人走在你后面，自己就不要跟在人后走；自己厌恶在右边，就避免让人在右边；自己厌恶在左边，就避免让人在左边。这就是絜矩之道，即己所不欲，勿施于人。《诗经》说："乐意容纳人才的君王，是民众的父母。"好民之所好，恶民之所恶，这就是民之父母。《诗经》说："雄伟的终南山，险峻不可攀，权势显赫的尹太师，百姓可都仰视着你。"故有权者不可不慎，出偏差则为民所不容。《诗经》说："殷商在未失尽民意前能顺承天意，我周朝应以殷商为鉴，懂得受天命之不易。"说的是得众则得国，失众则失国。所以君子首先要慎重德性，有德就有人，有人就有土地，有土地就有财，有财就有国家的开支。德是本，财是末，本末倒置，就会与民争财夺利，故财聚则民散，财散则民聚。所以言语若悖理，必遭悖理的报复；悖理而敛财，最终必将被别人悖理而夺走。《康诰》说："天命无常。"说的是善则得，不善则失。《楚书》说："楚国无以为宝，惟将善人视作珍宝。"舅犯教公子重耳说:"我重耳流亡在外,无以为宝,以仁爱亲族为宝。"《秦誓》说:假如有一臣子,忠实专一但无本事,其心善良宽厚,能容他人,别人有本事就像他自己有,别人有才有德,他从心里喜欢,不仅仅口头上说说而已,真能容得下,用这种人保我子孙黎民,于国家有利。看到别人有本事嫉妒厌恶,看到别人有才有德,憎恨而阻扰其上达,这种人不能容人,用之不能保我子孙黎民,也可说是危害。仁德之人就要把这种不能容人的小人流放到四夷,不许他同贤能同住中原,这叫爱憎分明。见贤而不能举,举而不能容其在自己之上,这是怠慢政务。见不善者而不能罢退,罢退而不能疏远他,这是过错。喜好人们所憎恶的,憎恶人们所喜好的,这是违背人性,灾难必至其身。所以君子有常理,忠信必有所得,骄泰必有所失。生财有其常理,即生产财富的人要多,消耗财富的人要少,创造财富要快,动用财富要慢,这才能使财富保持充足。仁者以财富修身养性,不仁者不惜丧身以敛财。君王好仁则臣下好义,好义则事能成,国库财富也就是国家君王的财富。孟献子说:养得起马车的下大夫,就不要管喂鸡养猪的事;有资格伐冰的中上大夫之家,就不要畜养牛羊;拥有百乘兵车的上卿之家,不可用聚敛财富的家臣,与其有聚敛财富的家臣,不如家有盗窃主人财物的家臣。这是说国家不可以牟利为利,要以义为利。国君专心于敛财，必是听信了小人的诱导。国君要治理好国家，却用小人来治国，灾难和祸害必将一齐降临，那时即使想治理好国家，也无济于事。这说的就是国不可以牟利为利，要以义为利的道理。

中庸 释疑

前　言

《中庸》是《礼记》中的一篇,后被宋代的程颐、朱熹从《礼记》中抽出,和孔子的《论语》、孟子的《孟子》、曾参的《大学》合称为"四书",成为儒家的经典著作。现存的《中庸》经过秦代儒者的修改,大致写定于秦统一全国后不久。所以篇名的命名方式已不同于《大学》,不是取正文开头的两个字为篇名,而是撮取文章的中心内容为篇名。

一、《中庸》的作者

关于《中庸》的作者,司马迁、郑玄、程颐、朱熹等人都认为是子思。孔门中有两个子思,一个是孔子的弟子原宪,字子思;另一个是孔子的孙子孔伋,字子思。古今学者都认为是后一个子思,因为前一个子思原宪无绩可述。子思(公元前483-公元前402),姓孔名伋,字子思。他是孔子的孙子,孔鲤的儿子,鲁缪公的老师,后代尊为"述圣"。子思是战国初年的著名哲学家、思想家。他虽是孔子的孙子,但并没有正式入门亲受孔子的教诲,他师从孔子的弟子曾参,颇得孔子思想的真传。子思是儒家的一位大家,他前承孔子,后传孟子,成为儒家思想承前启后的人物。子思的思想通过他的门人传给孟子,孟子继承并有所发展,成为儒家的"思孟学派"。

二、何谓"中庸"

什么叫"中庸"？按字面理解,中者不偏也,庸者平常也。子思将这篇论述儒家思想的文章取名为《中庸》,却没有对"中庸"作出正面解释。但他引用了孔子对"中庸"的论述,我们或许能通过孔子的这些论述,来理解和把握"中庸"的确切含义,如:

子曰:舜好问而好察迩言,隐恶而扬善,执其两端,用其中于民。其斯以为舜乎。

(孔子说:舜好问又善于体察常人的话,他包容坏人坏事,表扬好人好事,依据最好的和最坏的,找出中间标准,让民众照此实行。这就是舜之所以为舜的原因。)

孔子认为古代圣人舜是"中庸"的发明者,这大概是"中庸"最早的出典。舜在制定民众行为准则时既不取最好的也不取最坏的,而以中间标准来要求民众。舜的这种折中,被孔子认为正是舜受百姓拥戴的原因所在。所以折中可解释为"中庸"。

仲尼曰:君子中庸,小人反中庸。君子之中庸也,君子而时中;小人之反中庸也,小人而无忌惮也。

(孔子说:君子中庸,小人违背中庸。君子中庸,他们能时刻守中道;小人违背中庸,他们无所顾忌。)

君子为人处事能恪守中道,因为君子中庸;小人为人处事无所顾忌,所以小人违背中庸。可见能恪守中道即是中庸。

子曰:中庸其至矣乎,民鲜能久矣。子曰:道之不行也,我知之矣,知者过之愚者不及也。道之不明也,我知之矣,贤者过之不肖者不及也。

(孔子说:中庸是最完美的德性,民众很少能长久实行它。孔子说:道不能得以实行,我知道它的原因,智者做过头,愚者达不到。道不能彰明,我知道它的原因,贤人做过头,不贤者达不到。)

孔子认为,对于"道"的实行和彰明,智者和贤者往往做过了头,愚者和不肖者往往做得不够。过犹不及,正确的做法是适度。因此行事适度即是中庸。

故君子和而不流,强哉矫。中立而不倚,强哉矫。

(所以君子与人和平相处但不随波逐流,这是真刚强。中立而不偏不倚,这是真刚强。)

孔子认为,君子能与人和平相处但不随波逐流,中立而不偏不倚,这才是真正的刚强,而这刚强的背后有中庸之道的支撑。所以中立而不偏不倚即是中庸。

喜怒哀乐之未发谓之中,发而皆中节谓之和。中也者天下之大本也,和也者天下之达道也。

(喜怒哀乐未表露叫"中",表露而能适度叫"和",中是天下万物的根本,和是天下万物公认的准则。)

这段文字是子思的话,也是子思对"中庸"的侧面诠释。子思认为,人有喜怒哀乐,这些感情存于心中未表露就是"中",表露出来能适度就是"和","中"为根本,"和"为大道。就是说感情的适度表露即是中庸。

归纳而言,中庸指的是君子的品格、行为准则、精神境界。它表现为折中、恪守中道、行事适度、中立而不偏不倚、感情的适度表露等等。

三、何谓"道"

什么是"道"?中国古代经典中第一个较系统地论述"道"的恐怕是老子。他在《道德经》中这样描述:

有物混成,先天地生。寂呵寥呵,独立而不改,可以为天地母。吾未知其名,字之曰道。……人法地,地法天,天法道,道法自然。

(有个东西浑然一体,在天地形成前就已存在。它寂静而无形,独立长存永恒不变,可以为天地万物的起源。我不知其名,勉强叫它"道"。……人以地为法则,地以天为法则,天以道为法则,道以其自我存在规律为法则。)

既然"道"形成于天地之前,它是天地万物的起源,天地万物无不以它为法则,那么我们可以这样理解:

"道"是宇宙万物的本原,是宇宙万物最基本的规律。这是哲学本体论意义上对"道"的解释。

继老子之后,儒家思想家也经常用到"道"这个概念,当然儒家所说的"道"与老子的"道"有所异同。《中庸》中就有几十处地方提到"道"。为了正确理解《中庸》,有必要对"道"的这些用法做一分析:

1. 作为宇宙万物的本原、宇宙万物最基本规律的"道",如:

> 天命之谓性,率性之谓道,修道之谓教。道也者不可须臾离也,可离非道也。
>
> (天赋予万物秉性叫作"性",遵循万物的秉性叫作"道",领悟并依道行事叫作"教"。道与万物片刻不离,可离就不是道。)

中国古人将宇宙称之为天。天造就万物并赋予万物各自生存的规律,这就叫"性";遵循万物的基本规律,这就叫"道";领悟万物的基本规律并依此行事,这就叫"教化"。"道"既然是宇宙万物的基本规律,它与万物就片刻不离,一旦某物离开"道",它就不成其为该物,就要转化为他物或消亡,所以可离的就不是"道"。

> 道不远人,人之为道而远人,不可以为道。
>
> (道不远离人,为道而远离人,就不能为道。)

"道"是宇宙万物的基本规律,人是万物中的一个物种,所以"道"不能离开人;人要遵循这个基本规律而行事,却又要远离人,当然就无法行事。

君子遵道而行。

(君子遵循宇宙万物的基本规律而行事。)

修身以道。

(修身取决于道。)

修身即自我修养,自我修养必须领悟并遵循宇宙万物的基本规律。

以上出现的"道"均指宇宙万物的本原、宇宙万物最基本规律。

2. 作为道义、政治局面的"道",如:

不报无道。

(不报复无道义者。)

这里的"道"作道义讲,此句意思是不报复道义缺失之人。

国有道,国无道。

(政局清明,政局黑暗。)

国有道即政治局面清明,国无道即政治局面黑暗;

这里的"道"作政治局面理解。

3. 作为道路、方法的"道",如:

君子之道,辟如行远必自迩,辟如登高必自卑。

(君子成长的道路,譬如行远路,一定要从近处起程;譬如登山,一定要从低处开始。)

道前定则不穷。

(道路预先谋划就不会无路可走。)

人道敏政,地道敏树。

(治理人的方法是勤勉于政,治理土地的方法是勤勉于种树。)

获乎上有道;信乎朋友有道;顺乎亲有道;诚身有道。

(获得上司信任有方法;获得朋友信任有方法;让父母顺心有方法;自身真诚有方法。)

这些"道"均作道路、方法理解。

4. 作为事理的"道",如:

诚者天之道也,诚之者人之道也。

(真诚是天道,求诚是人道。)

天之道即天理,人之道即人理,这里的"道"作事理理解。

5. 作为道德的"道",如:

至诚之道,可以前知。

(具有最真诚德性,可以预知未来。)

71

这里的"道"作道德、德性理解。

6. 作为准则、规律的"道",如:

性之德也,合外内之道也,故时措之宜也。

(真诚是出于本性的德,是融合自身与外物的准则,因而在任何时候运用都适宜。)

天地之道可一言而尽也。

(天地的规律可以用一句话概括。)

这些"道"作准则、规律理解。

7. 圣人之道、君子之道、小人之道,如:

"君子之道"在儒家思想中指的是君子的远大抱负和使命职责,其中也包含君子品格秉性的育成、君子为人处世的风格等等。小人谈不上抱负和使命,故"小人之道"仅指小人的为人处世作风。君子与圣人所拥有的远大抱负和使命职责,以及他们所探求遵循的宇宙万物基本规律其实是相同的,区别仅在于圣人君子等级的不同。圣人是君子中最善美最成功的,他探求到的宇宙万物基本规律更高深;君子只是成长中的具有善美德性的人,还未达到圣人的境界,所以他所探求到的宇宙万物基本规律要次一等,没那么高深。一般人通过修身养性可成为君子,但君子中唯有极少数才能修成圣人。所以,圣人之道君子之道所指的都是领悟了宇宙万物基本规律而指导自己的为人处世。

四、何谓"诚"和"诚之"

《中庸》里有不少地方谈到"诚"和"诚之"。"诚"的本意是真诚、真实、心志专一,可引申为执著、不偏离自己的使命和规律;"诚之"则是求诚,让自己真诚。如:

诚者天之道也,诚之者人之道也。

(真诚是天道,求诚是人道。)

诚者自成也,而道自道也。诚者物之终始,不诚无物。诚者非自成己而已也,所以成物也。

(真诚是真诚自我形成的,道也是道自我造就的。真诚贯穿一切事物的始终,不真诚就没有事物。真诚并非自我形成就完了,而是用以成就万物。)

中国古代是把天人格化的。子思认为,天的德性是真诚,天造物行事执著专一。天真诚地按自己赋予万物的使命和规律创造万物,若非真诚就无法创造万物,或者创造出的就不是此物而是彼物。所以说"诚者天之道也";所以说"诚者,物之始终,不诚无物"。

诚之者,择善而固执之者也;博学之,审问之,慎思之,明辨之,笃行之。

(求诚是选定善道而紧抓不放,广博学习,详细询问,慎重思考,清晰辨别,扎实实行。)

人不同于天,人只能"诚之"。"诚之"就是求诚,就是执著地修身养性，以求尽可能达到"诚"的境界。君子是人，所以君子是"选定善道而紧抓不放，广博学习，详细询问，慎重思考，清晰辨别，扎实实行。""诚之"是一种态度，是儒家推崇的一种美德，所以君子以"诚之"为贵。

诚者不勉而中，不思而得，从容中道，圣人也。

（真诚，无需努力就能得道，不必想要就能得道，从容间就能得道，这是圣人。）

人之中能够达到"真诚"境界的唯有圣人，圣人"无需努力就能得道，不必想要就能得道，从容间就能得道"，所以圣人可以配天。

《中庸》虽不及《周易》、《尚书》、《诗经》那样诘曲聱牙难以读通，但也不是一看就懂的。《中庸》的内容极其丰富，不仅提出了"中庸之道"为儒家的最高道德标难，而且还以此为基础讨论了一系列的问题，涉及到儒家学说的各个方面，是系统论述儒家思想的一部重要经典。笔者在本前言中对《中庸》涉及的几个基本概念作了分析，希望它能有助于读者对《中庸》的理解，也希望《大学－中庸释疑》一书没有误导读者。另外，《中庸》毕竟是二千多年前古人的论述，笔者在注释和白话文翻译方面难免有所出错，望读者不吝赐教及时指出。

2011年11月

按历代传抄文本释疑

（本篇《中庸》采用传统的《礼记·中庸》的版本）

按历代传抄文本释疑

1. 天命之谓性,率性之谓道,修道之谓教。道也者不可须臾离也,可离非道也。是故君子戒慎乎其所不睹,恐惧乎其所不闻。莫见乎隐,莫显乎微。故君子慎其独也。喜怒哀乐之未发谓之中,发而皆中节谓之和。中也者天下之大本也,和也者天下之达道也。致中和,天地位焉,万物育焉。

天命之谓性(天命,天赋予万物秉性;之,在语法上将"天命"这一动宾结构句作为"谓"的宾语;此句当理解为"我们把天赋予万物秉性这一现象叫做性";下二句同),**率性之谓道**(率性,遵循天赋予万物的秉性;率,遵循;道,宇宙万物的基本规律),**修道之谓教**(修道,领悟宇宙万物的基本规律并依此行事)。**道也者不可须臾离也**(须臾,片刻),**可离非道也。是故君子戒慎乎其所不睹**(是故,因此;戒慎,谨慎;其所不睹,没人看见),**恐惧乎其所不闻**(恐惧,戒惧;其所不闻,没人听见)。**莫见乎隐**(没有比隐蔽更显现的;莫,没有;见[xiàn],显现;隐,隐蔽),**莫显乎微**(没有比细微更显著的;显,显著;微,细微)。**故君子慎其独也**(慎其独,独处时也谨慎)。**喜怒哀乐之未发谓之中**(未发,未表露;中,蕴含在内),**发而皆中节谓之和**(中节,适度)。**中也者天下之大本也**(大本,根本),**和也者天下之达道也**(达道,公认的准则)。**致中和**(致,到达),**天地位焉**(位,到位),**万物育焉**(育,生长繁育)。

77

译文：

天赋予万物秉性叫作"性"，遵循天赋予万物的秉性叫作"道"，领悟并依道行事叫作"教"。道与万物片刻不离，可离就不是道。所以君子在没人看见时也谨慎，在没人知道时也戒惧。其实越是隐蔽的地方越显现，越是细微的东西越显著。所以君子独处时也谨慎。喜怒哀乐未表露叫"中"，表露而能适度叫"和"。中是天下万物的根本，和是天下万物公认的准则。达到中和，天地便各得其位，万物便生长繁育了。

2.

仲尼曰：君子中庸，小人反中庸。君子之中庸也，君子而时中。小人之反中庸也，小人而无忌惮也。

仲尼曰（仲尼，孔子，名丘字仲尼）：**君子中庸**（中庸，"中"的本意是适中，"庸"的本意是平常，中庸即为人处事不偏不倚、无过无不及），**小人反中庸**（反，违背）。**君子之中庸也，君子而时中**（而，乃；时，时刻；中，守中道）。**小人之反中庸也，小人而无忌惮也**（无忌惮，无所顾忌、走极端）。

译文：

孔子说：君子中庸，小人违背中庸。君子之所以中庸,因为君子为人处事时时恪守中道;小人之所以违背中庸,因为他们为人处事无所顾忌走极端。

3.

子曰:中庸其至矣乎,民鲜能久矣。子曰:道之不行也,我知之矣,知者过之愚者不及也。道之不明也,我知之矣,贤者过之不肖者不及也。人莫不饮食也,鲜能知味也。子曰:道其不行矣夫。

子曰:中庸其至矣乎(至,极致、尽善尽美),**民鲜能久矣**(鲜,少)。**子曰:道之不行也**(道,此指中庸之道),**我知之矣,知者过之愚者不及也**(知者,智者)。**道之不明也**(道,此指中庸之道),**我知之矣,贤者过之不肖者不及也**(不肖者,与贤者相对,不贤者)。**人莫不饮食也,鲜能知味也。子曰:道其不行矣夫**(道,此指中庸之道)。

译文:

孔子说:中庸是最完美的德性,民众很少能长久实行它。孔子说:中庸之道不能得以实行,我知道它的原因,是智者做过头而愚者达不到。中庸之道不能彰明,我知道它的原因,是贤人做过头而不贤者达不到。人都要饮食,却少有人能品出其中滋味。孔子说:中庸之道大概不能在世上实行了吧。

4.

子曰：舜其大知也与。舜好问而好察迩言，隐恶而扬善，执其两端，用其中于民，其斯以为舜乎。

子曰：**舜其大知也与**（大知，大智；与，语助词，表感叹）。**舜好问而好察迩言**（察，体察；迩言，常人之言），**隐恶而扬善**（包容坏人坏事，表扬好人好事），**执其两端，用其中于民**（依据最好的和最坏的，找出中间标准，让民众照此实行；执，依据；两端，指最好和最坏；中，中间标准），**其斯以为舜乎**（其以斯为舜的倒装，意思是"舜就是以这点而成为舜"；其，指舜；斯，此，指"执其两端，用其中于民"；舜，在此有贤明之意）。

译文：

孔子说：舜真是位大智者。舜好问又善于体察常人的话，他包容坏人坏事，表扬好人好事，依据最好的和最坏的，找出中间标准，让民众照此实行。这就是舜之所以为舜的原因。

5.

子曰：人皆曰予知，驱而纳诸罟擭陷阱之中，而莫之知辟也。人皆曰予知，择乎中庸，而不能期月守也。

子曰：人皆曰予知（予，我；知，智），**驱而纳诸罟攫陷阱之中**（纳，放进；诸，之于；罟[gǔ]，网；攫[huò]，捕兽木笼），**而莫之知辟也**（莫之知，不知；辟，避）。**人皆曰予知，择乎中庸，而不能期月守也**（期[jī]月，一整月）。

译文：

孔子说：人们都说自己明智，但赶他进捕兽的网笼陷阱时他们还不知道躲避。人们都说自己明智，但选择了中庸却不能坚守一整月。

6.

子曰：回之为人也，择乎中庸，得一善则拳拳服膺，而弗失之矣。子曰：天下国家可均也，爵禄可辞也，白刃可蹈也，中庸不可能也。

子曰：回之为人也（回，颜回，孔子得意门生），**择乎中庸，得一善则拳拳服膺**（拳拳[quán]，牢握不舍；服膺[yīng]，谨记在心），**而弗失之矣**（弗，不）。**子曰：天下国家可均也**（均，古代制陶的转轮，喻意轮转），**爵禄可辞也**（爵禄，爵位俸禄），**白刃可蹈也**（白刃，雪白的刀刃；蹈，踩踏），**中庸不可能也**。

译文：

孔子说：颜回的为人，他选择了中庸，得一善理就牢牢把握，决不让它失去。孔子说：有些人天下国家可转让，爵位俸禄可辞去，雪白的刀刃敢踩踏，却不能实行中庸。

7.

子路问强。子曰：南方之强与，北方之强与，抑而强与？宽柔以教，不报无道，南方之强也，君子居之。衽金革，死而不厌，北方之强也，而强者居之。故君子和而不流，强哉矫。中立而不倚，强哉矫。国有道，不变塞焉，强哉矫。国无道，至死不变，强哉矫。

子路问强（子路，姓仲名由，孔子早期的弟子，为人勇武）。**子曰：南方之强与**（南方，指先进开化的中原地带；与，疑问词），**北方之强与**（北方，指不开化的戎狄地带），**抑而强与**（抑，或者；而，通假"尔"，你）？**宽柔以教**（用宽容温和教化他人），**不报无道**（对不讲道义之人不报复），**南方之强也，君子居之**（居，处）。**衽金革**（衽金革，枕着刀枪盔甲而睡），**死而不厌，北方之强也，而强者居之。故君子和而不流**（和，与人和平相处；不流，不趋同、不随波逐流），**强哉矫**（真刚强；矫[jiāo]，刚强）。**中立而不倚**（倚，偏倚），**强哉矫。国有道**（国有道，政局清明），**不变塞焉**（不变塞，即"不变不塞",不改变不扼制自己的志向;塞,扼制),**强哉矫**。**国无道**(国无道,政局黑暗),**至死不变,强哉矫**。

译文:

子路问什么是强。孔子说:你是问南方的强,还是北方的强,或是你的那种强?用宽容温和教化他人,对不讲道义之人不报复,这是南方的强,君子持守这种强。枕着刀枪盔甲而睡,死而不悔,这是北方的强,勇武者持守这种强。所以君子与人和平相处但不随波逐流,这是真刚强。中立而不偏不倚,这是真刚强。政局清明,他不改变不扼制自己的志向,政局黑暗,他的志向至死不渝,这是真刚强。

8.

子曰:素隐行怪,后世有述焉,吾弗为之矣。君子尊道而行,半途而废,吾弗能已矣。君子依乎中庸,遁世不见知而不悔,唯圣者能之。

子曰:**素隐行怪**(素隐行怪,探索隐晦之事而行怪癖诡异之道;"素"当为"索"之误,探索),**后世有述焉**(述,讲述),**吾弗为之矣。君子尊道而行,半途而废,吾弗能已矣**(已,停止)。**君子依乎中庸,遁世不见知而不悔**(遁世,避世隐

83

居；不见知，不被了解)，**唯圣者能之**。

译文：

孔子说：有些人探索隐晦之事而行怪癖诡异之道，以后或许有人会称道他们，但我不做这样的事。君子应遵道而行，有人半途而废，但我不会停止。君子应遵循中庸之道，避世隐居，不被人了解而又无悔，这恐怕只有圣人才做得到。

9.

君子之道费而隐，夫妇之愚可以与知焉，及其至也，虽圣人亦有所不知焉；夫妇之不肖可以能行焉，及其至也，虽圣人亦有所不能焉。天地之大也，人犹有所憾。故君子语大，天下莫能载焉；语小，天下莫能破焉。《诗》云："鸢飞戾天，鱼跃于渊"，言其上下察也。君子之道，造端乎夫妇，及其至也，察乎天地。

君子之道费而隐（君子之道，君子所探究并遵循的宇宙万物基本规律；费而隐，既光亮又微妙)，**夫妇之愚可以与知焉**（夫妇之愚，普通男女的愚昧；可以，通假"何以"，怎么；与知，让他知道)，**及其至也**（至，最深奥处)，**虽圣人亦有所不知焉；夫妇之不肖可以能行焉**（夫妇之不肖，普通男女的不贤明)，**及其至也，虽圣人亦有所不能焉。天地之大也，人**

犹有所憾（此句连接上文，是对上文的小结，意思是"君子之道"的最深奥处，连圣人都有所不知有所不能，可见在如此广大的天地之间，有人力所不能及的地方"；憾，有遗憾）。**故君子语大**（此句在语义上连接"君子之道费而隐"而言；语大，谈论大事），**天下莫能载焉**（大到天下都无法承载）；**语小，天下莫能破焉**（小到天下没有比之再小的了；莫能破，无法将它一剖为二）。**《诗》云："鸢飞戾天，鱼跃于渊。"**（此诗句出自《诗经·大雅·旱麓》，意思是'鹰上触青天，鱼下探深渊'；鸢[yuān]，老鹰；戾[lì]，达到），**言其上下察也**（察，审视）。**君子之道，造端乎夫妇**（造端，开始；夫妇，此指普通男女的琐事），**及其至也，察乎天地**（察，昭著）。

译文：

君子之道既光亮又微妙，以普通男女之愚昧如何能懂得它，其高深之处，即便是圣人也有所不知；以普通男女之不贤明如何能实行它，其高深之处，即便是圣人也有所不能。可见在如此广大的天地间，还有许多人力所不能及的地方。（君子之道既光亮又微妙）所以君子谈论大事，大到天下都无法承载；谈论小事，小到天下没有比之更小的了。《诗经》说："鹰上触青天，鱼下探深渊"，比喻君子能审视天地间一切事物。君子之道，虽发端于普通人的琐事，但其高深之处，却昭著于天地之间。

10.

子曰：道不远人，人之为道而远人，不可以为道。《诗》云："伐柯伐柯，其则不远。"执柯以伐柯，睨而视之，犹以为远。故君子以人治人，改而止。忠恕违道不远，施诸己而不愿，亦勿施于人。君子之道四，丘未能一焉：所求乎子以事父未能也，所求乎臣以事君未能也，所求乎弟以事兄未能也，所求乎朋友先施之未能也。庸德之行，庸言之谨，有所不足不敢不勉，有余不敢尽，言顾行，行顾言，君子胡不慥慥尔。君子素其位而行，不愿乎其外。素富贵行乎富贵，素贫贱行乎贫贱，素夷狄行乎夷狄，素患难行乎患难，君子无入而不自得焉。在上位不陵下，在下位不援上。正己而不求于人则无怨，上不怨天，下不尤人。故君子居易以俟命，小人行险以徼幸。子曰：射有似乎君子，失诸正鹄，反求诸其身。君子之道，辟如行远必自迩，辟如登高必自卑。

子曰：道不远人，人之为道而远人，不可以为道（"道"是宇宙万物的基本规律，人是万物中的一个物种，所以"道"不能离开人。人既要遵循这个基本规律而行事，却又要远离人，当然就无法行事。为道，遵循宇宙万物基本规律而行事）。**《诗》云："伐柯伐柯**（伐柯，用斧头削木做斧柄；柯，斧柄），**其则不远**（则，样板。此二句言用斧头削木做斧柄，样版就在你手中）。"**执柯以伐柯，睨而视之**（睨[nì]，斜视），**犹以为远**（此三句言有人手握斧头削木做斧柄，却不看着手中的样版，还说自己没样版。此讽刺有人到处找治理人的标

按历代传抄文本释疑

准,却不知标准就在人中)。**故君子以人治人,改而止**(改而止,更改你的举止行为;而,通假"尔",你;止,举止;《诗经·大雅·抑》:"淑慎尔止",意思是"和善谨慎你的举止行为")。**忠恕违道不远**(忠恕,即"己所不欲勿施于人",尽己之心为忠,推己及人为恕;违,相距),**施诸己而不愿,亦勿施于人。君子之道四**(君子之道,君子的道德),**丘未能一焉:所求乎子以事父未能也**(所求乎,我希望;子以事父,作为儿子侍奉父亲。孔子三岁其父死,故孔子没能侍奉父亲),**所求乎臣以事君未能也**(臣以事君,作为臣子侍奉君主),**所求乎弟以事兄未能也,所求乎朋友先施之未能也**(朋友先施之,作为朋友对别人先施以恩惠)。**庸德之行**(庸德,普通的道德规范;重要的道德规范譬如爱国、不杀人等,人们通常都能遵守,但对于一些普通道德规范,譬如小偷小摸、尊重平民百姓等,人们往往忽略,所以这里特别提出"庸德"),**庸言之谨**(庸言,平时的言语;谨,谨慎;在重要场合人们会谨慎自己的语言,但在平时往往口无遮拦,所以这里特别强调"庸言"),**有所不足不敢不勉**(勉,勤勉),**有余不敢尽**(有余,指做得好的,与"不足"相对;尽,做到极致),**言顾行,行顾言,君子胡不慥慥尔**(胡不,为何不;慥慥[zào],扎实诚恳;尔,用在句末表疑问)。**君子素其位而行**(素其位而行,按自己的地位而行事;素,现在),**不愿乎其外**(不贪求本位之外的东西)。**素富贵行乎富贵**(身处富贵行富贵事),**素贫贱行**

87

乎贫贱,素夷狄行乎夷狄,素患难行乎患难,君子无入而不自得焉**(入而自得,处于任何境地都能安然自得)。**在上位不陵下**(陵,通假"凌",凌辱),**在下位不援上**(援,巴结)。正己而不求于人则无怨,上不怨天,下不尤人**(尤,怨恨)。故君子居易以俟命**(居易,处于平和;俟[sì]命,等待天命),**小人行险以侥幸。子曰:射有似乎君子**(射,射箭),**失诸正鹄**(诸,"之于"的连读;正鹄[gǔ],靶心),**反求诸其身。君子之道**(君子之道,君子成长的道路),**辟如行远必自迩**(辟如,譬如;迩,近),**辟如登高必自卑**(卑,低)。

译文:

孔子说:道不远离人,为道而远离人,就不能为道。《诗经》说:用斧头削木做斧柄,样板就在你手中。有人用斧头削木做斧柄,却无视手中的样版,还说自己没样板。因此君子以人为样板,纠正民众的举止行为。忠恕离道不远,不愿施之于自己的,就别施之于他人。君子的道德有四点,我孔丘一样都没做到:我希望作为儿子侍奉父亲,但我没做到;我希望作为臣子侍奉君主,但我没做到;我希望作为弟弟侍奉兄长,但我没做到;我希望作为朋友先施恩惠于朋友,但我没做到。对于实行普通的道德规范,谨慎平时的言语,我做得不够当努力,做过头则要防止走向极端,言语要顾及行动,行动要顾及言语，君子何不在这些方面做得扎实一点呢。君子要按自己的地位而行事，不贪求本位以外的东西。身处富贵行富贵事，身处贫贱行贫贱事，身处夷狄行夷狄事，身处患难行患难事，君子处于任何环境都要能安然自得。居上位不凌辱下位之人，居下位不巴结上位之人。端正自己不求人就无怨，上不怨天，下不尤人。所以君子心态平和以等待天命，小人冒险以图侥幸。孔子说：射箭有点像君子，射不中靶心，反过来检讨自己。君子成长的道路，譬如行远路，必定要从近处起程；譬如登山，必定要从低处开始。

11.

《诗》曰："妻子好合，如鼓瑟琴；兄弟既翕，和乐且耽；宜尔室家，乐尔妻帑。"子曰：父母其顺矣乎。

《诗》曰："**妻子好合**（妻子，妻子儿女），**如鼓瑟琴**（鼓瑟琴，瑟琴合奏必须音调和谐，比喻与妻子儿女感情和谐）；**兄弟既翕**（翕[xì]，聚合），**和乐且耽**（耽[dān]，沉浸在喜乐之中）；**宜尔室家，乐尔妻帑**（帑[nǔ]，通假'孥'，儿子。此诗句出自《诗经·小雅·常棣》，意思是'妻儿和睦，如同琴瑟和谐；兄弟聚合，和乐喜乐；有益家庭，妻儿欢乐'）。"子曰：**父母其顺矣乎**。

译文：

《诗经》说：妻儿和睦，就像琴瑟和谐；兄弟聚合，和乐欢喜；有益家庭，妻儿欢乐。孔子说：这样父母就顺心了。

12.

子曰：鬼神之为德，其盛矣乎。视之而弗见，听之而弗闻，体物而不可遗，使天下之人齐明盛服以承祭祀，洋洋乎如在其上，如在其左右。《诗》曰："神之格思，不可度思，矧可射思。"夫微之显，诚之不可掩，如此夫。

子曰：**鬼神之为德**（鬼，祖先之亡灵；神，上天神灵；为德，德行），**其盛矣乎。视之而弗见**（弗，不），**听之而弗闻，体物而不可遗**（体物，体现于万物；遗，分离），**使天下之人齐明盛服以承祭祀**（齐[zhāi]明，在祭祀前沐浴斋戒以视虔诚；齐，同"斋"；明，洁净），**洋洋乎如在其上**（洋洋，充实貌），**如在其左右。《诗》曰："神之格思**（格，降临；思，语助词），**不可度思**（度，揣测），**矧可射思**（矧[shèn]，何况；射[yì]，谋求）。"**夫微之显**（夫，大凡；微之显，隐微东西的显现），**诚之不可掩**（诚之，以诚待之；掩，掩盖），**如此夫**（夫，用于句末表感叹）。

译文：

孔子说：鬼神的德行真是盛大啊。看它看不见，听它听不见，但它体现于万物而不可分离，使天下人斋戒沐浴盛服以奉行祭祀，仿佛实实在在就在我们上方，就在我们左右。《诗经》说：神的降临，不可揣测，怎可谋求呢？凡是隐微东西的显现，你只能以诚待之，断不可掩盖，就是这样。

13.

子曰：舜其大孝也与。德为圣人，尊为天子，富有四海之内，宗庙飨之，子孙保之。故大德必得其位，必得其禄，必得其名，必得其寿。故天之生物，必因其材而笃焉。故栽者培之，倾者覆之。《诗》曰："嘉乐君子，宪宪令德，宜民宜人；受禄于天，保佑命之，自天申之。"故大德者必受命。

子曰：**舜其大孝也与**（与，感叹词）。**德为圣人，尊为天子，富有四海之内，宗庙飨之**（飨[xiǎng]，通"享"，亡灵享用祭品），**子孙保之**（保，保持对他的祭祀）。**故大德必得其位，必得其禄，必得其名，必得其寿。故天之生物，必因其材而笃焉**（材，材质；笃，增厚、厚待）。**故栽者培之，倾者覆之。《诗》曰："嘉乐君子**（嘉乐，快乐；君子，指周天子），**宪宪令德**（宪宪，通假'显显'，光明貌；令德，美德），**宜民宜人**（宜民宜人，受民众拥戴）；**受禄于天，保佑命之**（命之,受天命),**自天申之**(天授你子孙后代天命不断；申,重复。此诗句出自《诗经·大雅·假乐》,说的是群臣对周天子的歌功颂德)。"**故大德者必受命**(受命,受天命)。

译文：

孔子说：舜真是大孝啊。他德性堪称圣人,尊贵为天子,富有天下,能在宗庙享用祭品,子孙后代永保祭祀他。因此大德者必获地位,必获俸禄,必获名声,必获长寿。因此天生该物,必因其材质而厚待它。因此该栽培的就栽培,该淘汰的就淘汰。《诗经》说：快乐君子,彰显美德,受民拥戴；俸禄受于天,天佑其受命,天授其子孙天命不断。因此有大德者必受天命。

14.

子曰：无忧者其惟文王乎。以王季为父,以武王为子,父作之,子述之。武王缵大王、王季、文王之绪,壹戎衣而有天下,身不失天下之显名,尊为天子,富有四海之内,宗庙飨之,子孙保之。武王末受命,周公成文、武之德,追王大王、王季,上祀先公以天子之礼。斯礼也,达乎诸侯、大夫,及士、庶人。父为大夫子为士,葬以大夫祭以士；父为士子为大夫,葬以士祭以大夫；期之丧达乎大夫,三年之丧达乎天子,父母之丧无贵贱,一也。

子曰：无忧者其惟文王乎。以王季为父，以武王为子，父作之（作，开创），**子述之**（述，继承）。**武王缵大王、王季、文王之绪**（缵[zuǎn]…之绪，继续；大王，读作"太王"，武王的曾祖父，西周开国君主古公亶父；王季，武王的祖父），**壹戎衣而有天下**（壹戎衣，此出自《尚书·康诰》，原文为"天乃大命文王殪戎殷"，齐人"殷、衣"同音而成为"壹戎衣"。殪[yì]，杀、灭绝；戎殷，大族殷商），**身不失天下之显名，尊为天子，富有四海之内，宗庙飨之**（飨[xiǎng]，通"享"，亡灵享用祭品），**子孙保之。武王末受命**（武王末，武王晚年），**周公成文武之德**（周公，武王之弟；文武之德，文王武王之德），**追王大王、王季**（追王，加封先祖为王），**上祀先公以天子之礼**（祀，祭祀；先公，先祖）。**斯礼也，达乎诸侯、大夫，及士、庶人。父为大夫子为士，葬以大夫祭以士**（父死按大夫的礼制安葬，以士的礼制祭祀）；**父为士子为大夫，葬以士祭以大夫；期之丧达乎大夫**（期[jī]之丧，整一年的丧礼），**三年之丧达乎天子，父母之丧无贵贱，一也**（一，与天子三年之丧一样）。

译文：

孔子说：没有忧虑的大概唯有文王吧。他有父亲王季和儿子武王，父亲为他开创了基业，儿子继承了他的遗志。武王继续太王王季文王的未尽事业，灭大族殷商而得天下。武王犯上灭殷不仅没失去显赫的英名，反而被尊为天子，富有天下，其亡灵能在宗庙享用祭品，子孙后代永保祭祀他。武王晚年才受天命，是周公完成了文王、武王的大德，追封太王和王季为王，以天子之礼追祀祖先。这个礼制一直实行到诸侯、大夫和士、庶人。礼制规定：父为大夫子为士，父死按大夫的礼制安葬，以士的礼制祭祀；父为士子为大夫，父死按士的礼制安葬，以大夫的礼制祭祀。为大夫守丧一年，为天子守丧三年，为父母守丧不分贵贱都是三年。

15.

子曰：武王、周公其达孝矣乎。夫孝者，善继人之志、善述人之事者也。春秋修其祖庙，陈其宗器，设其裳衣，荐其时食。宗庙之礼，所以序昭穆也；序爵，所以辨贵贱也；序事，所以辨贤也；旅酬下为上，所以逮贱也；燕毛，所以序齿也。践其位，行其礼，奏其乐，敬其所尊，爱其所亲，事死如事生，事亡如事存，孝之至也。郊社之礼，所以事上帝也；宗庙之礼，所以祀乎其先也。明乎郊社之礼、禘尝之义，治国其如示诸掌乎。

子曰：武王、周公其达孝矣乎（达孝，大孝）。**夫孝者，善继人之志**（人，指祖先）、**善述人之事者也**（述，继承）。**春秋修其祖庙**（春秋，四季），**陈其宗器**（宗器，祭祀器物），**设其裳衣**（裳衣，下谓裳上谓衣，指祖先生前穿的衣服），**荐**

其时食（荐，进献；时食，当季食物）。**宗庙之礼，所以序昭穆也**（所以，用以；序，排次序。昭穆，以始祖的牌位居中，二世、四世、六世牌位位于始祖的左方，称为昭，三世、五世、七世牌位位于始祖的右方，称为穆。排列昭穆是古代宗法制度之一，礼制规定天子七庙，即始祖和其下六代嫡系子孙的牌位在同一庙中；诸侯五庙，即始祖和其下四代嫡系子孙的牌位在同一庙中。祭祀时活着的子孙后代也按此昭穆次序排列）；**序爵**（序爵，助祭者按爵位高低排序），**所以辨贵贱也；序事**（序事，按官职高低排序；事，官职），**所以辨贤也；旅酬下为上**（旅酬，祭祀完毕后众亲宾一起宴饮相互敬酒；下为上，参加祭祀者按地位尊卑，由尊者开始往下依次劝酒），**所以逮贱也**（逮，及）；**燕毛**（燕毛，祭祀后宴饮以须发的颜色区别老少长幼，安排宴会的位次，须发白的排在上位；燕，同"宴"；毛，毛发），**所以序齿也**（齿，年龄）。**践其位**（践其位，儿子登基即位），**行其礼**（其，指亡故的父亲），**奏其乐，敬其所尊，爱其所亲，事死如事生**（事，侍奉），**事亡如事存，孝之至也**（孝之至，孝的最高表现）。**郊社之礼**（郊社之礼，冬至在南郊举行祀天仪式谓"郊"，夏至在北郊举行祭地仪式谓"社"），**所以事上帝也；宗庙之礼，所以祀乎其先也**（先，祖先）。**明乎郊社之礼、禘尝之义**（禘尝，天子诸侯的宗庙祭，春曰礿[yuè]，夏曰禘[tì]，秋曰尝，冬曰烝），**治国其如示诸掌乎**（示，同"视"；诸，之于）。

译文：

孔子说：武王和周公是最守孝道的。孝就是善于继承先人的遗志，善于继续先人未尽的事业。一年四季整修祖庙，陈列祭器，摆设祖先遗留的衣服，进献应时食品。宗庙之礼，是用来排列昭穆次序的；助祭者按爵位排列，是用来区别贵贱的；官员按官职高低排列，是用来区别才能高低的；祭毕宴饮尊者向卑者敬酒，是用以表明恩惠施及卑下者；祭毕宴饮年长者就上座，是用以排列长幼次序。儿子继位，行父亲之礼，奏父亲之乐，敬父亲所尊，爱父亲所爱，奉死者如其生，侍亡者如其活，这是孝的最高表现。郊祭和社祭，是用来侍奉上帝和土地神的；宗庙之礼，是用来侍奉祖先的。懂得郊祭和社祭之礼，明白禘祭和尝祭之义，治理国家就像把手掌上的东西显示给人看一样容易。

16.

哀公问政。子曰：文武之政，布在方策；其人存则其政举，其人亡则其政息。人道敏政，地道敏树。夫政也者蒲卢也。故为政在人，取人以身，修身以道，修道以仁。仁者人也，亲亲为大。义者宜也，尊贤为大。亲亲之杀，尊贤之等，礼所生也。在下位不获乎上，民不可得而治矣。故君子不可以不修身，思修身不可以不事亲，思事亲不可以不知人，思知人不可以不知天。天下之达道五，所以行之者三，曰：君臣也，父子也，夫妇也,昆弟也,朋友之交也,五者天下之达道也;知、仁、勇,三者天下之达德也,所以行之者一也。或生而知之,或学而知之,或困而知之,及其知一也。或安而行之,或利而行之,或勉强而行之,及其成功一也。子曰:好学近乎知,力行近乎仁,知耻近乎勇。知斯三者则知所以修身,知所以修身则知所以治人,知所以治人则知所以治天下国家矣。

哀公问政(哀公,春秋时鲁国国君鲁哀公,姓姬名蒋,死后谥号"哀公")。子曰:**文武之政**(文王、武王的政绩),**布在方策**(陈述在典籍中;布,陈述;方,古代书写文字的木板;策,古代书写文字的竹简);**其人存则其政举,其人亡则其政息。人道敏政**(人道,治理人的道理;敏政,勤勉于政),**地道敏树**(地道,治理土地的道理;敏树,勤勉于种树)。**夫政也者蒲卢也**(蒲卢,土蜂,古人以为土蜂不能生子,取桑虫之子为己子,此比喻为政要靠取人才)。**故为政在人,取人以身**(选择人才要看他的品性;身,人格品性),**修身以道,修道以仁**(修道,建立治国理民的国策)。**仁者人也**(仁就是爱人、重视人的存在),**亲亲为大**(亲亲,爱亲人)。**义者宜也**(义就是做适宜的事),**尊贤为大。亲亲之杀**(亲亲之杀[shài],爱亲人要按远近有所区别),**尊贤之等**(尊贤之等,尊贤人有等级之分),**礼所生也。在下位不获乎上,民不可得而治矣**(第17章有此二句,此为误出)。**故君子不可以不修身,思修身不可以不事亲**(思,想要;事亲,侍奉亲人),

思事亲不可以不知人，思知人不可以不知天。天下之达道五（达道，基本人际关系），所以行之者三（用以实行这五条人际关系的有三德；所以，用以；行，实行，指实行上述五条人际关系），曰：君臣也，父子也，夫妇也，昆弟也，朋友之交也，五者天下之达道也；知、仁、勇，三者天下之达德也（达德，大德），所以行之者一也（用以实行这三德的关键在于"知"；下文是对"知"展开论述，故此句中的"一"表示"一点"，从逻辑分析，这关键的一点就是"知"）。或生而知之（或，有人），或学而知之，或困而知之，及其知一也（等到他们知道了以后也就一样了；一，一样）。或安而行之（安，喜欢），或利而行之（利，利益），或勉强而行之，及其成功一也。子曰：好学近乎知，力行近乎仁，知耻近乎勇。知斯三者则知所以修身，知所以修身则知所以治人，知所以治人则知所以治天下国家矣。

译文：

鲁哀公请教为政之道。孔子说：文王、武王的政绩虽然都写在典籍中，但人在则其政得以行，人亡则其政息。治人之道就是勤勉于政，治地之道就是勤勉植树。为政就像土蜂借桑虫生子一样。所以为政取决于人，用人取决于他的人格品性，修身依靠道，建立治国理民国策依靠仁。仁就是爱人，爱自己的亲人最重要。义就是处事得当,尊贤最重要。爱亲人有远近区别,尊贤有等级之分,这是从礼中派生出来的。所以君子不可不修身,要修身不可不侍奉亲人,要侍奉亲人不可不了解人,要了解人不可不知天理。天下基本的人际关系有五条,实行这五条靠三德:君臣,父子,夫妇,兄弟,朋友,这是五条基本人际关系;知,仁,勇,这三者是天下大德,而用来实行这三德的关键在"知"。对于"知",有人生而就知,有人学而得知,有人困惑而后悟知,总之"知"了都一样。至于"行",有人因喜欢而实行,有人为利而实行,有人勉强实行,总之成功了都一样。孔子说:好学接近知,尽力而行接近仁,知耻接近勇。懂得这三点就知道如何修身,懂得如何修身就知道如何治人,懂得如何治人就知道如何治理天下国家。

17.

凡为天下国家有九经,曰:修身也,尊贤也,亲亲也,敬大臣也,体群臣也,子庶民也,来百工也,柔远人也,怀诸侯也。修身则道立,尊贤则不惑,亲亲则诸父昆弟不怨,敬大臣则不眩,体群臣则士之报礼重,子庶民则百姓劝,来百工则财用足,柔远人则四方归之,怀诸侯则天下畏之。齐明盛服,非礼不动,所以修身也;去谗远色,贱货而贵德,所以劝贤也;尊其位重其禄,同其好恶,所以劝亲亲也;官盛任使,所以劝大臣也;忠信重禄,所以劝士也;时使薄敛,所以劝百姓也;日省月试,既禀称事，所以劝百工也；送往迎来，嘉善而矜不能，所以柔远人也；继绝世，举废国，治乱持危，朝聘以时，厚往而薄来，所以怀诸侯也。凡为天下国家有九经，所以行之者一也：凡事豫则立，不豫则废。言前定则不跲，事前定则不困，行前定则不疚，道前定则不穷。

凡为天下国家有九经（九经，九条原则），曰：**修身也，尊贤也，亲亲也，敬大臣也，体群臣也**（体，亲近），**子庶民也**（视民为子），**来百工也**（来，招来），**柔远人也**（柔远人，安抚边远部落民众），**怀诸侯也**（怀，怀柔）。**修身则道立，尊贤则不惑，亲亲则诸父昆弟不怨**（诸父昆弟，叔伯和兄弟），**敬大臣则不眩**（眩，眼花），**体群臣则士之报礼重**（士之报礼重，士人竭力回报），**子庶民则百姓劝**（劝，勉励），**来百工则财用足**（财用，财政），**柔远人则四方归之，怀诸侯则天下畏之。齐明盛服**（齐[zhāi]明，祭祀前斋戒沐浴以示虔诚；盛服，正装），**非礼不动**（不做非礼之事），**所以修身也；去谗远色**（去谗远色，罢退谗言小人远离女色），**贱货而贵德**（贱货而贵德，轻物欲重德性），**所以劝贤也**（劝，勉励）；**尊其位**（尊其位，给亲属以尊贵的地位），**重其禄**（重其禄，给亲属丰厚的俸禄），**同其好恶，所以劝亲亲也；官盛任使**（官盛任使，设置众多属下供大臣支使），**所以劝大臣也；忠信重禄**（忠信重禄，对忠诚的臣子给予重禄），**所以劝士也；时使薄敛**（时使，使百姓服劳役不违农时；薄敛，减轻税赋），**所以**

劝百姓也；**日省月试**（日省月试：每天视察每月考核），**既禀称事**（既[xì]禀称事，给工匠发放谷物要与他的工效相称；既，赠送谷物；禀，赐人以谷；称，相当、符合），**所以劝百工也；送往迎来，嘉善而矜不能**（嘉善而矜不能，嘉奖善行，同情弱能；矜，怜惜），**所以柔远人也；继绝世**（继绝世，让已中断祭祀祖先的家族恢复祭祀），**举废国**（举废国，恢复已废弃的邦国），**治乱持危，朝聘以时**（朝聘以时，按时接见诸侯；诸侯每年一见天子叫小聘，三年一见叫大聘，五年一见叫朝聘），**厚往而薄来**（重赏诸侯轻收贡品），**所以怀诸侯也。凡为天下国家有九经，所以行之者一也**（用以实行这九条准则的关键有一条；一，一条，指下文的"凡事豫则立，不豫则废"）：**凡事豫则立**（豫，预谋），**不豫则废。言前定则不跲**（跲[jiá]，语塞），**事前定则不困，行前定则不疚**（行，行动；疚，因过失而内心纠结），**道前定则不穷**（道，道路；穷，困窘）。

译文：

治理天下国家有九条准则：修身，尊贤，爱亲人，敬大臣，亲近群臣，视民为子，招来各种工匠，安抚边远部落民众，怀柔诸侯。修身则道立，尊贤则不惑，爱亲人则亲属不怨，敬大臣则目明，亲近群臣则士人会竭力回报，视民如子则百姓努力，招来各种工匠则财政充足，安抚边远部落民众则四方归顺,怀柔诸侯则天下畏惧。内心虔诚外表端庄,不做非礼之事,用以修身;罢退谗言小人远离女色,轻物欲重德行,用以勉励贤人;给亲属以尊贵的地位和丰厚的俸禄,与其同好恶,用以勉励大家爱亲人;设置众多属下供大臣支使,用以勉励大臣;给忠信者以丰厚的俸禄,用以勉励士人;让百姓服劳役不误农时,减轻税赋,用以勉励百姓;日视察月考核,按劳付酬,用以勉励各种工匠;去的送、来的迎,嘉奖善行,同情弱小,用以安抚边远部落民众;让已中断祖先祭祀的家族恢复祭祀,恢复废弃的邦国,整治混乱,解救危难,定期接见诸侯,重赏诸侯轻收贡品,用以怀柔诸侯。大凡治理天下国家的准则有九条,实行这些准则的关键有一条:凡事预先谋划则成功,不预先谋划则失败。说话预先谋划就不语塞,做事预先谋划就不困顿,行动预先谋划能避免后悔,道路预先谋划就不会无路可走。

18.

在下位不获乎上,民不可得而治矣;获乎上有道,不信乎朋友,不获乎上矣;信乎朋友有道,不顺乎亲,不信乎朋友矣;顺乎亲有道,反诸身不诚,不顺乎亲矣;诚身有道,不明乎善,不诚乎身矣。诚者天之道也,诚之者人之道也。诚者不勉而中,不思而得,从容中道,圣人也。诚之者,择善而固执之者也;博学之,审问之,慎思之,明辨之,笃行之。有弗学,学之弗能,弗措也；有弗问，问之弗知，弗措也；有弗思，思之弗得，弗措也；有弗辨，辨之弗明，弗措也；有弗行，行之弗笃，弗措也。人一能之己百之，人十能之己千之。果能此道矣，虽愚必明，虽柔必强。

在下位不获乎上（获，获得信任），**民不可得而治矣；获乎上有道，不信乎朋友**（不能获得朋友信任），**不获乎上矣；信乎朋友有道，不顺乎亲**（不使父母顺心），**不信乎朋友矣；顺乎亲有道，反诸身不诚**（临到自己不能真心实意对待；反诸身，事情临到自己身上；不诚，不能真心实意对待），**不顺乎亲矣；诚身有道**（诚身，自己真心实意对待），**不明乎善，不诚乎身矣。诚者天之道也**（诚，真诚），**诚之者人之道也**（诚之，求诚、执著专一）。**诚者不勉而中**（不勉而中，无需努力就能得道；勉，努力；中，得道），**不思而得**（不用想要就能拥有道；思，想；得，得道），**从容中道**（从容间得道），**圣人也。诚之者，择善而固执之者也**（择善，选择善道；固执之，抓紧不放）；**博学之，审问之，慎思之，明辨之，笃行之。有弗学**（弗，不），**学之弗能，弗措也**（弗措，不中止）；**有弗问，问之弗知，弗措也；有弗思，思之弗得，弗措也；有弗辨，辨之弗明，弗措也；有弗行，行之弗笃**（笃，扎实），**弗措也。人一能之己百之**（人一能之，别人一分努力能做到的），**人十能之己千之。果能此道矣，虽愚必明，**

虽柔必强。

译文：

下级不获上级信任就无法治民，获得上级信任有方法可依，不获朋友信任就不能获上级信任；获朋友信任有方法可依，不能让父母顺心就不能获朋友信任；让父母顺心有方法可依，同样的事临到自己不能真心实意对待就不能让父母顺心；让自己真心实意对待也有方法可依，不明善就不能让自己真心实意对待。真诚是天道，求诚是人道。真诚的人，无需努力就能得道，不必求取就能得道，从容间就能得道，这是圣人。求诚则是选定善道而紧抓不放；广博学习，详细询问，慎重思考，清晰辨别，扎实实行。要么不学，学了没学会不中止；要么不问，问了没明白不中止；要么不思考，思考了没收获不中止；要么不辨别，辨别了不清楚不中止；要么不做，做而不扎实不中止。别人一分努力能做到，我用百分努力；别人十分努力能做到，我用千分努力。果能这样，虽愚笨必聪明，虽柔弱必刚强。

19.

自诚明谓之性，自明诚谓之教；诚则明矣，明则诚矣。唯天下至诚为能尽其性，能尽其性则能尽人之性，能尽人之性则能尽物之性,能尽物之性则可以赞天地之化育,可以赞天地之化育,则可以与天地参矣。其次致曲,曲能有诚,诚则形,形则著,著则明,明则动,动则变,变则化,唯天下至诚为能化。

自诚明谓之性(自诚明,由真诚到明事理;性,天性),**自明诚谓之教**(自明诚,由明事理到真诚;教,教化);**诚则明矣,明则诚矣。唯天下至诚为能尽其性**(至诚,最真诚的人;尽其性,发挥其天性),**能尽其性则能尽人之性,能尽人之性则能尽物之性,能尽物之性则可以赞天地之化育**(赞,襄助;化育,养育),**可以赞天地之化育,则可以与天地参矣**(参,并列)。**其次致曲**(其次,指比"至诚"要次一等;致曲,当为"至曲"之误,极其周详的人;曲,详尽),**曲能有诚**(详尽就能有真诚),**诚则形**(形,征兆),**形则著**(著,显现),**著则明**(明,明显),**明则动,动则变,变则化。唯天下至诚为能化**("至诚"能化育万物,"至曲"则是通过"诚"来化育万物,所以这里强调"唯有至诚才能化育万物")。

译文:

由真诚到明事理这叫天性,由明事理到真诚这叫教化;真诚则明事理,明事理则真诚。惟有天下最真诚者才能充分发挥其天性,能充分发挥其天性才能充分发挥他人的本性,能充分发挥他人的本性才能发挥物的本性,能充分发挥物的本性就可襄助天地化育万物,可襄助天地化育万物,就能与天地并列为三。其次是极其周详者,行事周详就能有真诚,有真诚就会发现征兆,有征兆就会显现,有显现就会明显,明显了事物就会活动,活动就会变,变就会化育。因此惟有天下最真诚者才能化育万物。

20.

至诚之道,可以前知。国家将兴必有祯祥;国家将亡必有妖孽。见乎蓍龟,动乎四体。祸福将至,善必先知之,不善必先知之。故至诚如神。

至诚之道(至诚之道,具有最真诚德性),**可以前知**(前知,预测未来)。**国家将兴必有祯祥**(祯祥,瑞兆);**国家将亡必有妖孽**(妖孽,灾异)。**见乎蓍龟**(见,现;蓍[shī]龟,蓍草和龟甲二种占卜工具),**动乎四体**(四体,四肢)。**祸福将至,善必先知之,不善必先知之。故至诚如神。**

译文:

具有最真诚的德性,可以预测未来。国家将要兴盛,一定会有瑞兆;国家将亡,一定会有灾异。这些前兆表现在占筮占卜上,却体现在人的行动中。祸福将来临时,是吉兆能预知,是凶兆也能预知。所以具有最真诚的德性如同神明一般。

21.

诚者自成也,而道自道也。诚者物之终始,不诚无物,是故君子诚之为贵。诚者非自成己而已也,所以成物也。成己仁也,成物知也;性之德也,合外内之道也,故时措之宜也。故至诚无息,不息则久,久则征,征则悠远,悠远则博厚,博厚则高明。博厚所以载物也,高明所以覆物也,悠久所以成物也。博厚配地,高明配天,悠久无疆。如此者,不见而章,不动而变,无为而成。天地之道可一言而尽也:其为物不贰,则其生物不测。天地之道,博也,厚也,高也,明也,悠也,久也。

诚者自成也(真诚是真诚自己形成的),**而道自道也**(道是道自己造就的;后一个"道"是动词,开拓道路,引申为造就)。**诚者物之终始,不诚无物**(真诚贯穿一切事物的始终,不真诚就没有事物;事物都有自己生成发展的规律,真诚就是符合这个规律,不真诚事物就无法生成发展),**是故君子诚之为贵**(诚之,求诚、执著专一)。**诚者非自成己而已也**(诚者非自成己而已,真诚并非自我形成就算了),**所以成物也**(所以,用以;成物,成就万物)。**成己仁也,成物知也**(知,智);**性之德也**(此句主语是前面的"诚者";性之德,出于天性的德),**合外内之道也**(合外内之道,融合自身与外物的准则),**故时措之宜也**(时,任何时候;措,运用;宜,适

107

宜)。**故至诚无息**(至诚,最高的真诚;息,停息),**不息则久,久则征**(征,远行,引申为通达),**征则悠远,悠远则博厚,博厚则高明**(高明,高大而光明)。**博厚所以载物也,高明所以覆物也,悠久所以成物也。博厚配地,高明配天,悠久无疆。如此者,不见而章**(不见而章,不表现也彰明;见,通假"现"),**不动而变,无为而成。天地之道可一言而尽也**(天地之道,天地的德性):**其为物不贰**(不贰,真诚不二),**则其生物不测**(不测,无法测量)。**天地之道**(道,规律,引申为人格化的德性),**博也,厚也,高也,明也,悠也,久也。**

译文:

真诚是其自我形成的,道也是其自我造就的。真诚贯穿一切事物的始终,不真诚就没有事物。所以君子以求诚为贵。真诚并非自我形成就完了,而是用以成就万物。自我形成是仁,成就万物是智;真诚是出于天性的德,是融合自身与外物的准则,因而在任何时候运用都适宜。所以最高的真诚是不止息的,不止息则长久,长久则通达,通达则悠远,悠远则博厚,博厚则高大光明。博厚用以负载万物,高大光明用以覆盖万物,悠远用以成就万物。博厚与地相配,高明与天相配,悠远则无穷无尽。像这样的德性,不表现也彰明,不动也变化万物,无作为也能成就万物。天地的德性可用一句话概括:它造物真诚不二,故其成物无法计量。天地的德性是广博,深厚,高大,光明,悠远,长久。

22.

今夫天,斯昭昭之多,及其无穷也,日月星辰系焉,万物覆焉。今夫地,一撮土之多,及其广厚,载华岳而不重,振河海而不泄,万物载焉。今夫山,一卷石之多,及其广大,草木生之,禽兽居之,宝藏兴焉。今夫水,一勺之多,及其不测,鼋鼍蛟龙鱼鳖生焉,货财殖焉。《诗》云:"维天之命,於穆不已。"盖曰:天之所以为天也。"於乎不显,文王之德之纯。"盖曰:文王之所以为文也,纯亦不已。

今夫天(今夫,发语词),**斯昭昭之多**(斯,乃;昭昭,明亮;多,聚集),**及其无穷也,日月星辰系焉**(系,悬),**万物覆焉。今夫地,一撮土之多,及其广厚,载华岳而不重**(华岳,高大的山),**振河海而不泄**(振,收),**万物载焉。今夫山,一卷石之多,及其广大,草木生之,禽兽居之,宝藏兴焉**(兴,产生)。**今夫水,一勺之多,及其不测**(不测,不可量),**鼋鼍蛟龙鱼鳖生焉**(鼋[yuán],大龟;鼍[tuó],扬子鳄),**货财殖焉**(货财,物产;殖,生殖)。**《诗》云:"维天之命,於穆不已**(此诗句出自《诗经·周颂·维天之命》,原文为'维天之命,於穆不已,於乎不显,文王之德之纯',意思是'天命庄严无限,大显文王的德性和纯洁';维,语首助词;於,叹词;

穆,肃穆;不已,无穷;於乎,呜呼;不显,即'丕显',大显)。"
盖曰(盖,大概):**天之所以为天也。"於乎不显,文王之德之纯。"盖曰:文王之所以为文也,纯亦不已**(不已,不停止)。

译文:

说到天,只是光亮一点点聚集而成,等到光亮聚集到无穷,它能悬挂日月星辰,覆盖万物。说到地,只是一撮撮土聚集而成,等到土聚集到广厚,它能负高山而不重,拢河海而不泄,承载万物。说到山,只是一堆堆石头聚集而成,等到石头聚集到广大,它能生草木,居禽兽,产宝藏。说到水,只是一勺勺水聚集而成,等到水聚集到不可估量,它能养殖鼋鼍蛟龙鱼鳖,能生物产。《诗经》说:"天命庄严无限",这大概说天之所以为天吧。《诗经》说:"大显文王的德性和纯洁",这大概说文王之所以谥号"文",因为他不停地修养纯洁的德性吧。

23.

大哉圣人之道,洋洋乎发育万物,峻极于天;优优大哉,礼仪三百,威仪三千,待其人而后行。故曰:苟不至德,至道不凝焉。故君子尊德性而道问学,致广大而尽精微,极高明而道中庸,温故而知新,敦厚以崇礼。是故居上不骄,为下不倍,国有道其言足以兴,国无道其默足以容。《诗》曰:"既明且哲,以保其身。"其此之谓与。

大哉圣人之道(圣人之道,圣人所探求遵循的宇宙万物的基本规律,即天道),**洋洋乎发育万物**(洋洋,广远),**峻极于天**(峻,高;极,通假"及",达);**优优大哉**(优优,多、丰盛),**礼仪三百,威仪三千**(礼仪,古代礼节的主要规则,又称经礼;威仪,古代典礼的动作规范,礼的细节,又称曲礼),**待其人而后行**(其人,指圣人)。**故曰:苟不至德**(苟,如果;至德,大德),**至道不凝焉**(至道,最高境界的道;凝,形成)。**故君子尊德性而道问学**(道,遵行),**致广大而尽精微**(致,达;尽,达到极限),**极高明而道中庸**(道,遵行),**温故而知新,敦厚以崇礼。是故居上不骄,为下不倍**(倍,违背;此二句主语是"君子"),**国有道其言足以兴**(国有道,政局清明;兴,兴盛国家),**国无道其默足以容**(国无道,政局昏暗;默足以容,沉默而容身自保)。**《诗》曰:"既明且哲**(此诗句出自《诗经·大雅·烝民》;明哲,明智),**以保其身。"其此之谓与**(与,感叹词)。

译文:

圣人之道真伟大啊,它广远而能养育万物,它崇高而能及仓天;它丰盛博大,制定了礼仪三百、威仪三千,待

111

圣人出现而后实行之。所以说：如没有大德，最高境界的道是不能成功的。因而君子尊崇德性而遵行学问，使自己的学问达到广博而精微，极高明又遵行中庸，温习旧学获得新知，敦厚而崇尚礼。所以君子居上位而不骄傲，处下位而不违上司，政局清明他的主张可以兴国，政治黑暗他沉默而容身自保。《诗经》说：既明又智，足以保全其身。说的就是这个道理吧。

24.

子曰："愚而好自用，贱而好自专，生乎今之世反古之道，如此者灾及其身者也。"非天子不议礼，不制度，不考文。今天下车同轨，书同文，行同伦。虽有其位，苟无其德，不敢作礼乐焉。虽有其德，苟无其位，亦不敢作礼乐焉。子曰：吾说夏礼，杞不足征也；吾学殷礼，有宋存焉；吾学周礼，今用之，吾从周。王天下有三重焉，其寡过矣乎。上焉者，虽善无征，无征不信，不信民弗从。下焉者，虽善不尊，不尊不信，不信民弗从。故君子之道，本诸身征诸庶民，考诸三王而不缪，建诸天地而不悖，质诸鬼神而不疑，百世以俟圣人而不惑。质诸鬼神而不疑，知天也；百世以俟圣人而不惑，知人也。是故君子动而世为天下道，行而世为天下法，言而世为天下则。远之则有望，近之则不厌。《诗》曰："在彼无恶，在此无射，庶几夙夜，以永终誉。"君子未有不如此而蚤有誉于天下者也。

子曰："**愚而好自用**（自用，自行其是，不接受别人的意见），**贱而好自专**（自专，独断专行），**生乎今之世反古之道**（反，返；古之道，古代的治国方法），**如此者灾及其身者也**。"非天子**不议礼**（议礼，议订礼仪），**不制度**（制度，制定法度），**不考文**（考文，考核文字）。今天下车同轨，书同文，**行同伦**（伦，伦理）。虽有其位，苟无其德，不敢作礼乐焉。虽有其德，苟无其位，亦不敢作礼乐焉。子曰：吾说夏礼（夏礼，夏代的礼制），**杞不足征也**（杞，杞国，在今河南杞县，开国君主为夏禹的后裔；征，证明，验证）；吾学殷礼（殷礼，商朝的礼制），**有宋存焉**（宋，宋国，在今河南商丘，开国国君为商汤的后裔微子）；吾学周礼（周礼，周朝的礼法），今用之，吾从周。王天下有三重焉（王[wàng]天下，统治天下；三重，注重三点，指议礼、制度、考文），**其寡过矣乎**（寡过，少有过失）。**上焉者**（上，地位高的如天子国君；焉，表停顿的语助词），**虽善无征**（治国主张虽好但不广泛验证），**无征不信，不信民弗从**（弗从，遵从）。**下焉者**（下，地位底下的人），**虽善不尊**（治国主张虽好但不尊贵），**不尊不信，不信民弗从**。故君子之道（君子治国的方法），**本诸身征诸庶民**（本诸身，立本于自身；诸，"之于"的连读；征诸庶民，证明给民众看；征，证明），**考诸三王而不缪**（用夏禹、商汤、周文王三王的标准来考核而无错误；考，考核；三王，指夏禹、商汤、周文王三代的开国国君；谬，差错），**建诸天地而不悖**（建，建立；悖，背理），**质诸鬼神而不疑**（质，验证），**百世以俟圣人而不惑**（世，一世为三十年，即一代人；俟，等待；惑，疑问）。**质诸鬼神而不疑，知天也；百世以俟圣人而不惑，知人也。是故君子动而世为天下道**（动，行为举止；道，通假"导"，引导），**行而世为天下法**（行，行为；法，效法），**言而世为天下则**（则，准则）。**远之则有望**（有望，仰慕），**近之则不厌。《诗》曰："在彼无恶，在此无射，庶几夙夜，以永终誉**（此诗句出自《诗经·周颂·振鹭》，意思是'在邦国不被人怨恨，在朝廷不被讨厌，望你日夜勤于政务，永远获得赞誉'；无射[yì]，无怨恨；庶几，希望你；夙夜，早晚；终誉，众誉）。"**君子未有不如此而蚤有誉于天下者也**（蚤，早）。

译文：

孔子说：愚昧而又自行其是，低贱而又独断专行，生在今世却偏要恢复古代治国方法，这种人灾祸会降到他身上。不是天子就不议订礼制，不制定法度，不考核文字。如今天下车有统一的轨距，书写用统一的文字，行为有统一的伦理标准。虽有地位，如无德性，不敢制礼作乐；虽有德性，如无地位，也不敢制礼作乐。孔子说：我解说夏代的礼，而杞国的礼不足以用来验证；我学殷代的礼，现只有宋国保持着它；我学周朝的礼，当今正在被使用，故我尊从周礼。统治天下能注重议订礼制、制定法度、考核文字，就会少过失。地位高的天子国君，治国主张虽好但无广泛验证，不验证民就不信，民不信就不愿遵从。地位底下的人，治国主张虽好但不尊贵，不尊贵民就不信，民不信就不愿遵从。所以君子治国之法，是立本于自身而向百姓证明，用夏禹、商汤、周文王三王的标准来考核而无错误，建业于天地间而不违背天地之理，求证于神灵而不被怀疑，经得起三百年后圣人的质疑。求证于神灵而不被怀疑，这是知天意。经得起三百年后圣人的质疑，这是懂人意。因此，君子的举止能为天下的先导，君子的行为能成为天下法度，君子的言语能为天下的准则。远者对其仰慕，近者对其不厌。《诗经》说：在邦国无人憎，在朝廷不被厌，日夜勤于政务，永远获得赞誉。没有一个君子这样做而不很快获美名于天下的。

25.

仲尼祖述尧舜，宪章文武，上律天时，下袭水土。辟如天地之无不持载，无不覆帱。辟如四时之错行，如日月之代明。万物并育而不相害，道并行而不相悖，小德川流，大德敦化，此天地之所以为大也。

仲尼祖述尧舜（祖述，遵循），**宪章文武**（宪章，效法；文武，文王、武王），**上律天时**（律，遵从），**下袭水土**（袭，符合)。**辟如天地之无不持载,无不覆帱**(覆帱[dǎo],覆盖)。**辟如四时之错行**(错行,交错运行),**如日月之代明**(代明,更替照耀)。**万物并育而不相害**(万物能在天地间共同生育互不妨碍;自此句至本章末是言天地的伟大,非言孔子),**道并行而不相悖**(万物各自的规律能并行而互不相违),**小德川流**(小德如川流润物不息),**大德敦化**(大德能敦厚化育万物),**此天地之所以为大也**(此章以天地之博大喻比孔子之伟大)。

译文:

孔子遵循尧舜,效法文王、武王,上尊天时,下符水土。孔子如同天地一样,无所不负载、无所不覆盖,如同四季一样交错运行,如同日月一样更替照耀。(天地之所以伟大)是因为它能让万物在其间共同生育互不妨碍,能让万物各自的规律在其间并行互不相违,其小德如川流润物不息,其大德敦厚化育万物,这就是天地之所以伟大的理由。

26.

唯天下至圣,为能聪明睿知足以有临也,宽裕温柔足以有容也,发强刚毅足以有执也,齐庄中正足以有敬也,文理密察足以有别也。溥博渊泉,而时出之。溥博如天,渊泉如渊,见而民莫不敬，言而民莫不信，行而民莫不说。是以声名洋溢乎中国，施及蛮貊。舟车所至，人力所通，天之所覆，地之所载，日月所照，霜露所队，凡有血气者，莫不尊亲。故曰配天。

唯天下至圣（最圣明的人），**为能聪明睿知足以有临也**（临，以上临下），**宽裕温柔足以有容也，发强刚毅足以有执也**（发强，奋发图强；执，断决事物），**齐庄中正足以有敬也**（齐[zhāi]庄，严肃诚敬），**文理密察足以有别也**（别，鉴别事物）。**溥博渊泉**（溥[pǔ]博，博大；渊泉，深沉），**而时出之**（适时流露）。**溥博如天，渊泉如渊**（渊，深的水潭），**见而民莫不敬**（见，现），**言而民莫不信，行而民莫不说**（说，通假"悦"）。**是以声名洋溢乎中国**（是以，因而；中国，中原），**施及蛮貊**（施[yí]及，传到；蛮貊[mò]，蛮和貊是古代两个边远部落，此泛指边远地区）。**舟车所至，人力所通，天之所覆，地之所载，日月所照，霜露所队**（队，通假"坠"，降），**凡有血气者，莫不尊亲**（尊亲，尊重亲近）。**故曰配天**（此言"至圣"能配得上天）。

译文：

只有天下最圣明的人，才能聪明睿智足以临察万物，宽裕温柔足以包容万物，图强刚毅足以断决万事，肃敬中正足以受人尊敬，思虑周密足以鉴别万事。他们博大深沉而能适时流露。博大如天，深沉如渊，他们的表现民众没有不敬的，他们的言语民众没有不信的，他们的行为民众没有不高兴的。因而他们的美名在中原流传，直至边远地区。凡车船所到之地，凡人力所达之处，天所覆盖的，地所承载的，日月所照耀的，霜露所降临的地方，凡有血气的生物，没有不尊重亲近他们的。所以天下最圣明的人可以配得上天。

27.

唯天下至诚，为能经纶天下之大经，立天下之大本，知天地之化育。夫焉有所倚？肫肫其仁，渊渊其渊，浩浩其天。苟不固聪明圣知达天德者，其孰能知之？

唯天下至诚（至诚，天下最真诚的人），**为能经纶天下之大经**（经纶，整理丝缕，引申为筹划治理国家大事；大经，纲常），**立天下之大本，知天地之化育。夫焉有所倚**（倚，偏倚）？**肫肫其仁**（肫肫[zhūn]，诚恳貌；仁，通假"人"），**渊渊其渊**（渊渊，深沉），**浩浩其天。苟不固聪明圣知达天德者**（固，原本），**其孰能知之**（孰，谁）？

译文：

只有天下最真诚的人，才能筹划治理天下的纲常，确立天下的根本,通晓天地的化育之功。这种人哪有什么偏倚? 其为人诚恳,其深沉如渊,其广大如天。若非原本聪明圣智达到天之德性者,谁又能理解他呢?

28.

《诗》曰:"衣锦尚絅。"恶其文之著也。故君子之道闇然而日章,小人之道的然而日亡。君子之道淡而不厌,简而文,温而理,知远之近,知风之自,知微之显,可与入德矣。《诗》云:"潜虽伏矣,亦孔之昭。"故君子内省不疚,无恶于志。君子之所不可及者,其唯人之所不见乎。《诗》云:"相在尔室,尚不愧于屋漏。"故君子不动而敬,不言而信。《诗》曰:"奏假无言,时靡有争。"是故君子不赏而民劝,不怒而民威于鈇钺。《诗》云:"不显惟德,百辟其刑之。"是故君子笃恭而天下平。《诗》云:"予怀明德,不大声以色。"子曰:声色之于以化民,末也。《诗》曰:"德輶如毛。"毛犹有伦。"上天之载,无声无臭。"至矣。

《诗》曰:"**衣锦尚絅**(衣锦尚絅,此诗句出自《诗经·卫风·硕人》,原文是"衣锦褧衣",讲齐国公主姜氏初嫁卫庄公,她华丽的服装外面套上半透明的蝉衣;尚,通假"上";絅,蝉衣)。"**恶其文之著也**(恶,不喜欢;文,花纹;著,显著)。**故君子之道闇然而日章**(闇[ān]然,暗淡;日章,日渐彰明),**小人之道的然而日亡**(的然,鲜艳)。**君子之道淡而不厌,简而文**(文,文采),**温而理**(温和而有条理),**知远之近**(知远之近,由身边的情况而能推知远处的情况;之,取),**知风之**

119

自（知风之自，由起始能推测将来的趋势；风，流行；自，缘由），**知微之显**（知微之显，由显著的而能发现隐匿的），**可与入德矣**（与，允许；入德，进入德的范畴）。《诗》云："**潜虽伏矣，亦孔之昭**（此诗句出自《诗经·小雅·正月》，意思是'潜龙虽深伏，其名甚显扬'；孔，甚；昭，明显）。"故君子内省不疚（不疚，不遗憾），**无恶于志**（志，志向）。君子之所不可及者，其唯人之所不见乎（君子之常人不可及的，无非是那些不为人见的地方）。《诗》云："相在尔室，尚不愧于屋漏（此诗句出自《诗经·大雅·抑》，意思是'即便一人在室内，也要无愧于神明'；相，看；屋漏，从天窗射入的日光，引申为'神明'）。"故君子不动而敬，不言而信。《诗》曰："**奏假无言，时靡有争**（此诗句出自《诗经·商颂·烈祖》，意思是'默默敬献祭品，陪祭者秩序井然'；奏假[zōng gé]，以祭品敬献祖先亡灵；无言，默默无声；靡有，没有）。"是故君子不赏而民劝（劝，勤勉），**不怒而民威于鈇钺**（鈇钺[fǔ yuè]，斧和钺二种兵器，引申为刑罚）。《诗》云："**不显惟德，百辟其刑之**（此诗句出自《诗经·周颂·烈文》，意思是'大显德性，诸侯效仿'；不显，即'丕显'，大显；百辟[bì]，诸侯；刑，效法）。"是故君子笃恭而天下平。《诗》云："**予怀明德，不大声以色**（此诗句出自《诗经·大雅·皇矣》，意思是'我赞许美德，不高声厉色'；予，我；怀，赞许）。"子曰：声色之于以化民，末也（末，下策）。《诗》曰："**德輶如毛**（此诗句出自《诗经·大雅·烝民》，原句为'德輶如毛,民鲜克举之',意思是'德轻如毛,但民众很少有人举得起';輶[yóu],轻)。"**毛犹有伦**(毛还是有同类可比;伦,类比;此句言能比之于毛的德还不是最高境界,以引出下句)。"**上天之载,无声无臭**(此诗句出自《诗经·大雅·文王》,意思是'上天行事,无声无息';无臭[xiù],无气息)。"**至矣**(至,无与伦比的最高境界)。

译文：

《诗经》说："在华丽的服装外面罩上蝉衣"，那是嫌服装的花纹太艳。故君子的作为隐然却日渐彰现,小人的作为彰显却日渐消亡；君子的作为平淡而不令人厌,简单而有文采,温和而达理,由近而能知远,由起始能知趋势,由显著能知隐匿,可以进入德的范畴。《诗经》说："潜龙虽深伏,其名甚显扬"，故君子内省无愧疚,志向无损害。君子之常人不可及的,无非是那些不为人见的地方。《诗经》说："即便一人在室内,也要无愧于神明"，故君子不行动而获得尊敬,不言语而获得信任。《诗经》说："默默敬献祭品,陪祭者秩序井然"，所以君子不用赏赐而民众自会勤勉,不用发怒而民众畏惧胜于刑罚。《诗经》说："大显德性,诸侯效法"，所以君子笃实恭谦而天下太平。《诗经》说："我赞许美德,不高声厉色。"孔子评论说：以威颜厉色来教化民众，这是最下策。《诗经》说："德轻如毛。"（民众却很少有人愿负载在身）能比之于毛的德还不是最高境界。《诗经》说："上天行事，无声无息。"无声无息的德才是最高境界。

特 别 鸣 谢

《大学－中庸释疑》一书在写作和出版方面，曾得到北京申英先生的鼎力相助，容笔者在此对他表示衷心的感谢。

作者于 2012 年 11 月谨记

图书在版编目（CIP）数据

大学－中庸释疑/曹音著．—2版．—上海：上海三联书店，2015.9
（读懂经典丛书/方立平，杨宏声主编．曹音经文释疑书系）
ISBN 978-7-5426-5274-4

Ⅰ.①大… Ⅱ.①曹… Ⅲ.①儒家②《大学》—注释③《中庸》—注释 Ⅳ.① B222.12

中国版本图书馆 CIP 数据核字（2015）第 192349 号

大学－中庸释疑

著　者/曹　音
丛书主编/方立平　杨宏声

责任编辑/方　舟
装帧设计/方　舟　孙茂盛
监　　制/李　敏
责任校对/张大伟
校　　对/莲　子
策划统筹/7312·舟父图书传媒工作室

出版发行/上海三联书店
　　　　　（201199）中国上海市都市路 4855 号 2 座 10 楼
网　　址/www.sjpc1932.com
邮购电话/24175971
印　　刷/上海叶大印务发展有限公司

版　　次/2015 年 9 月第 2 版
印　　次/2015 年 9 月第 1 次印刷
开　　本/787×1092　1/16
字　　数/100 千字
印　　张/8.5
书　　号/ISBN 978-7-5426-5274-4/B·427
定　　价/30.00 元